いのちの輝きに寄り添う
エンパワメント科学

だれもが主人公　新しい共生のかたち

高山忠雄 監修
安梅勅江／芳香会社会福祉研究所 編著

北大路書房

まえがき

安梅勅江（筑波大学教授）

　エンパワメント（湧活）とは，人びとに夢や希望を与え，勇気づけ，人が本来持っているすばらしい，生きる力を湧き出させることである。

　人は誰もが，すばらしい力を持って生まれてくる。そして生涯，すばらしい力を発揮し続けることができる。そのすばらしい力を引き出すことがエンパワメント，ちょうど清水が泉からこんこんと湧き出るように，一人ひとりに潜んでいる活力や可能性を湧き出させることが湧活である。

　保健医療福祉などの実践では，一人ひとりが本来持っているすばらしい潜在力を湧きあがらせ，顕在化させて，活動を通して人々の生活，社会の発展のために生かしていく。また，企業などの集団では，社員一人ひとりに潜んでいる活力や能力を上手に引き出し，この力を社員の成長や会社の発展に結びつけるエネルギーとする。これが組織，集団そして人に求められるエンパワメント（湧活）である。

　本書の副題を，「だれもが主人公　新しい共生のかたち」とした。エンパワメントは，一人ひとりが自分の人生の主人公となり，他者との違いを楽しみながら，共に生きる喜びを感じる社会を実現する手法の一つである。

　共生とは，ただ一緒に生きるという意味ではない。仏教用語で「ぐうしょう」と読み，互いを刺激し合いながら共に生きるという意味を持つ。ただし仏教用語としての共生は，一般に使う用法とは少し違う。「自分で存在すること」である「自生（じしょう）」，「他のものによって生じさせられること」である「他生（たしょう）」に対して，「共生（ぐうしょう）」とは，自生と他生が合わさった事態，つまり自分で存在しながら，それと同時に他のものによっても生じさせられていることをさす。互いに相手があることで自分の存在の意味が明らかになり，相手があってこそ自分が認識できる。副題の「だれもが主人公　新しい共生のかたち」は，そんな状態をイメージした。

　エンパワメント科学は，plasticity（可塑性，しなやかさ），diversity（多様性），holistic（全体性）のたまものである。なぜなら自分と環境を変える力が plasticity で

まえがき

あり，それは diversity の中でより加速され，holistic な営みとして統合されるからである。

本書は，保健医療福祉などの実践に加え，企業や自治体などの組織において，エンパワメントを効果的に活用するための基本的な考え方と方法を整理した。これらは私たちの30年に及ぶ実践研究，45周年を迎える社会福祉法人芳香会の実践活動，ならびに企業活動に長年携わった皆さんの知恵を結集したものである。

第1部の理論編では，最新のエンパワメントの理論と技術について整理した。「第1章　いのちの輝きに寄り添うエンパワメント」ではエンパワメントの原則，「第2章　エンパワメントの本質：個人／仲間／組織の共鳴」ではエンパワメントの基本要素と展開要素について論じた。「第3章　エンパワメント環境づくり」では実現のための環境整備のコツ，「第4章　エンパワメント実現に向けた設計技術」では活用が有効な技術を提示した。

第2部の活用編では，実際に組織などの実践の場で適用した事例を用いて，具体的な適用方法と成果を紹介した。「第5章　みんなで未来をひらく：夢実現への設計図」では個人と組織の活性化に向けたワークショップを紹介した。「第6章　共感をつむぐ：当事者主体のしかけづくり」と「第7章　地域でともに生きる：絆育むパートナーシップ」では，実践を通じてエンパワメントの実現に向けた取り組みを例示した。当事者エンパワメントを目指す事例については，すべてに第1部で概説したエンパワメント・プロセス設計（以下，エンパワメント設計），エンパワメント環境づくりの8要素，7つのコツ，個人／仲間／組織の共鳴分析を記載した。

いのちの輝きに寄り添う多様な現場から湧き出た「共感／共鳴する仕組みづくり」のヒント満載である。ぜひ身近な組織や環境に当てはめて，活用してみてほしい。

本書が皆さん自身のエンパワメント，そしてエンパワメント環境づくりに向け，お役に立てば幸いである。

目 次

まえがき　i

■第1部　理論編

第1章　いのちの輝きに寄り添うエンパワメント　2
　1節　なぜ今，エンパワメント？　2
　2節　エンパワメントの定義　3
　3節　エンパワメントの歴史　4
　4節　エンパワメントの理論背景　4
　5節　エンパワメントの原則　6

第2章　エンパワメントの本質——個人／仲間／組織の共鳴　7
　1節　エンパワメントの種類　7
　2節　エンパワメントの必須条件　8
　3節　自分／仲間／組織のエンパワメントをつなぐ　9
　4節　サポーターに必要な3視点　9
　5節　エンパワメント展開の3要素　11
　6節　エンパワメント力動モデル　13

第3章　エンパワメント環境づくり　15
　1節　エンパワメント環境づくりの8要素　15
　2節　エンパワメント環境づくりの7つのコツ　17

第4章　エンパワメント実現に向けた設計技術　23
　1節　エンパワメントの流れをよむ　23
　2節　共鳴するビジョン設計　24
　3節　協働するプロセス設計　25

目次

■第2部　活用編

第5章 ● みんなで未来をひらく──夢実現への設計図 …………………… 28
　　　1節　夢の花ワークショップとは？ ……………………………… 28
　　　2節　夢の花ワークショップ成果例 ……………………………… 32
　　　3節　当事者の思いを開花する共創：
　　　　　　社会福祉法人における活用を一例として ………………… 36
　事例1　チーム「五輪ジャー」　事例2　チーム「タートル」　事例3　チーム「蕾」
　事例4　チーム「胡蝶蘭」　事例5　チーム「夢パンマン」

第6章 ● 共感をつむぐ──当事者主体のしかけづくり ………………… 52
　　　1節　子どもを支える共感の場づくり …………………………… 52
　　　2節　いくつになっても現役！仲間づくり ……………………… 57
　　　3節　働く喜びご一緒に …………………………………………… 62
　　　4節　みんなちがって，みんないい ……………………………… 69
　　　5節　しかけづくりに当事者の生の声を活かす ………………… 74
　事例6　子どもを支える共感の場づくり　事例7　いくつになっても現役！仲間づくり
　事例8　働く喜びご一緒に　事例9　みんなちがって，みんないい

第7章 ● 地域でともに生きる──絆育むパートナーシップ …………… 88
　　　1節　子どもからお年寄りまで，一緒に楽しむ多世代交流 …… 88
　　　2節　ずっと住み続けていたい街づくり ………………………… 96
　　　3節　できることから一歩ずつ：復興地支援 ………………… 101
　　　4節　パートナーシップに当事者の生の声を活かす ………… 108
　事例10　子どもからお年寄りまで，一緒に楽しむ多世代交流　事例11　ずっと住み続けていたい街づくり　事例12　できることから一歩ずつ：復興地支援

終　章 ● 共生共感エンパワメントに向けて ………………………… 118

引用・参考文献 …………………………………………………………… 120
参考　芳香会のあゆみ …………………………………………………… 123

第1部

理論編

第1章
いのちの輝きに寄り添うエンパワメント

■ 1節 ●―● なぜ今,エンパワメント?

　昨今,家族や地域とのつながりが弱まり,無縁社会の広がりが懸念されている。子育てや看病,介護や緊急時のサポートなど,人びとが共に支え合う社会の仕組み,共にいのちの輝きに寄り添う営みがますます求められている。人がひとりでは決して生きていけない存在であることは,人類の進化の歴史を見れば明白である。人は助け合う社会生活を構築してきたからこそ,今日の繁栄を謳歌しているのだ。しかし現代社会は,その本来の姿に逆行する状況を呈している。

　会社や病院,社会福祉施設などの組織においても,人びとのつながりのあり方は大きく変化している。短期的な成果の重視や利益追求の偏重は,雇用者が共に支え合い,育て合う組織のあり方を変貌させた。雇用者の組織に対する信頼がうすれ,仕事への動機づけを不安定なものにしている。

　だからこそ,今,エンパワメントが求められているのだ。

　エンパワメント(湧活)とは,人びとに夢や希望を与え,勇気づけ,人が本来持っているすばらしい,生きる力を湧き出させることである,と「まえがき」で述べた。すなわち,エンパワメントは人びとのいのちの輝きに寄り添い,さらに光り輝くことを支え,人びとの心をつなぐ技であると言い換えることができる。

　グローバル化する社会では,人びとや組織が生み出す知恵や技術,モノや情報などのエネルギーの流れが,きわめて複雑に入り組んでいる。そして生まれては消え,時には合体し,衝突し,循環しながら未来に向かって流れている。そのエネルギーが,とどこおりなく流れ発展することで,持続的な社会が実現できる。

中国の易経によれば，ものごとには必ず陰陽の2側面があり，それらが移ろいつつもバランスよく循環することで安定を維持できる。「利益を支える仕組み」と「いのちを支える仕組み」は，どちらが陰，どちらが陽ということなく，社会の維持に必須の要素である。個人はこれら2要素がバランスよく存在してはじめて，健康な生活を営むことができる。

　組織や社会のすこやかな存続も同様である。「利益を支える仕組み」と「いのちを支える仕組み」の両側面をバランスよく包含し，さらにそれらが移ろい循環する営みを支える**ホリスティック（統体的）な仕組み**が求められる。いのちの輝きに寄り添うエンパワメントは，組織や企業活動を支えるエネルギーの流れを促進する。

■2節　エンパワメントの定義

　英語の empowerment（エンパワメント）は，「力」という意味の「パワー：power」に，「～にする」という接頭語の「エン：em」がついた言葉である。持っている力を引き出す，発揮するという意味である。

　だれにでもわかる言葉で表現すると，人びとに夢や希望を与え，勇気づけ，人が本来持っているすばらしい，生きる力を湧き出させることである。また，元気にする，力を引き出す，絆を育む，共感ネットワークがエンパワメントである。個人あるいは組織，地域のなかにあるすばらしい力に気づき，育み，さらには思いや関心を発信し，共有し，共振することで新たな共創を生む。ある意味できわめて創造的なパワーであり，イマジネーションをかきたてながら伝播し，仲間や組織の本質を突く波動のようなパワーである。

　エンパワメントという言葉は，さまざまな分野で使われている。実はその分野ごとに違う定義がある。代表的なものを紹介すると，教育分野では，内発的動機づけ，成功経験，有能感，長所の伸長，自尊感情。社会開発分野では，人間を尊重し，すべての人間の潜在能力を信じ，その潜在能力の発揮を可能にするような平等で公正な社会を実現しようとする活動。ビジネス分野では，権限の委譲と責任の拡大による創造的な意思決定。保健福祉分野では，自分の健康に影響のある意志決定と活動に対しより大きなコントロールを当事者が得る過程，としている（安梅，2004）。

■3節 ●―● エンパワメントの歴史

　エンパワメントという言葉は，17世紀に法的な権限を与えるという法律用語として使われたのが最初といわれている。

　その後もひきつづき，権限や権利の獲得という意味で用いられた。1950年代にはアメリカの公民権運動や先住民運動，女性運動など，社会的な地位の向上を目指す活動に対して使われた。人は本来，すばらしい能力を持って生まれてくる。それを社会的な制約でつぼみに終わらせないよう，あらゆる資源を動員して，花を咲かせる条件を整備することが必要である。これは，障がいのある人びとが社会で生きていくことを促す自立生活運動，困難を抱えた人たちが自分たちの力で支え合う自助グループ活動などにもつながった。

　市民運動としてのエンパワメントは，ブラジルの教育思想家フレイレの提唱により，ラテンアメリカをはじめ世界の運動に発展した。これらは地方自治や弱者の地位向上などに拡大し，人びとの潜在能力を発揮できる平等で公平な社会の実現を目的にエンパワメントという言葉を使っている。このように，はじめはパワーを失った状態からの脱出を意味していた。

　その後，1980年あたりからは福祉や公衆衛生の分野で当事者の参加を促す取り組みとして，また1990年代からはビジネス分野で権限移譲の意味で多く使われるようになった。

　現在では，すべての人，集団，社会の潜在能力や可能性を湧き上がらせ，ウェルビーイング（良好な状態）実現に向けて力づける環境づくりをさす。あらゆる資源を巻き込みながら，仕組みをつくるダイナミックな考え方である。個人，集団，コミュニティがその環境を制御し，自ら設定した目標を達成し，自分と他人が生活の質を最大限に向上できるようになること，あるいは人びとや組織，コミュニティが自分たちの生活をコントロールできるようになる過程と定義される。

■4節 ●―● エンパワメントの理論背景

　人にはもともと，だれかのために生きていたいという**共生の欲求**がある。図1-1

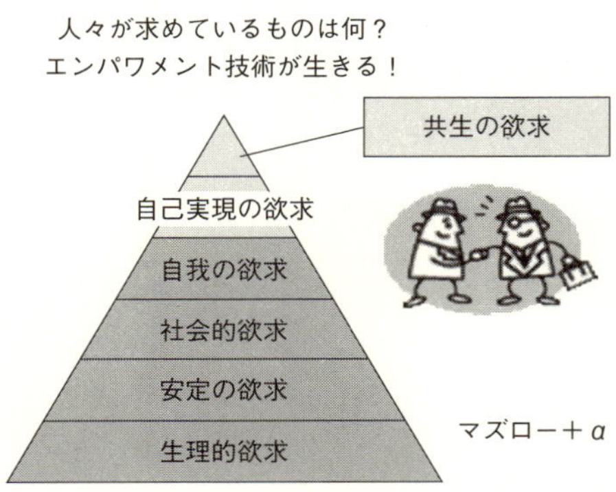

人々が求めているものは何？
エンパワメント技術が生きる！

共生の欲求

自己実現の欲求
自我の欲求
社会的欲求
安定の欲求
生理的欲求

マズロー＋α

図1-1　マズローの欲求5段階説　改変版（安梅, 2004）

は1960年代から活躍したマズローがとなえた欲求の5段階説を改変したものである。

　マズローは，人の欲求には5つの段階があり，下の段階の欲求が満たされて，はじめて上の段階の欲求が満たされるとした。いちばん下のもっとも基本的な欲求は，食べる，寝るなどの生理的な欲求。次いで，不安なく安心して生活したいという安定の欲求，人びとと共にありたいという社会的な欲求，社会に認められたいという自我の欲求が続く。最上段は，自分の力を存分に発揮したいという自己実現の欲求である。

　しかし今では，必ずしも下の段階の欲求が満たされなくても，上の欲求を満たそうとすることのあることが知られている。たとえば，貧しく衣食住がままならずとも他者を救う運動に力を尽くす人びとは，生理的欲求が十分に満たされない状況でも，自己実現の欲求を追い続けている好例である。

　そして自己実現の欲求の発展形として，さらにもっと大きな欲求があるとした考え方がある。それが共生の欲求である。自分の存在の意味は，自分だけが満足する閉じた世界では得られない。だれかのために存在することで，確固とした自分の**存在の意味**が見いだせる。

　人びとが本来望むことは共生の欲求なのに，実態は絆を失う現状が進行している。だからこそ，絆を育む力をつむぎ，持っている力を湧き出させるエンパワメントが，より一層求められる時代となっている（安梅, 2005）。

■5節 ●――● エンパワメントの原則

エンパワメントの原則は以下の8点である。

①目標を当事者が選択する。
②主導権と決定権を当事者が持つ。
③問題点と解決策を当事者が考える。
④新たな学びと，より力をつける機会として当事者が失敗や成功を分析する。
⑤行動変容のために内的な強化因子を当事者とサポーターの両者で発見し，それを増強する。
⑥問題解決の過程に当事者の参加を促し，個人の責任を高める。
⑦問題解決の過程を支えるネットワークと資源を充実させる。
⑧当事者のより良い状態（目標達成やウェルビーイングなど）に対する意欲を高める。

つまり，エンパワメントの原則は**当事者主体**である。したがって，サポーターである専門職や上司，仲間の役割は，当事者の力を湧き出させたり，そのための環境整備をすることである。ここでいう当事者とは，中心的にかかわる人，人びと，組織をさす。サポーターとは，それを側面から支える人，人びと，組織をさす。

このエンパワメントの原則は，個人にとどまらず，人びと，組織すべてに当てはまる（安梅，2007）。人びとのグループや企業などの組織をエンパワメントする場合でも，そこに所属する当事者が目標を選択し，主導権や決定権，解決策の考案などに主体的に参画する環境整備が肝要である。

第2章
エンパワメントの本質
——個人／仲間／組織の共鳴

■ 1節 ●——● エンパワメントの種類

　エンパワメントには，自分エンパワメント（self empowerment），仲間エンパワメント（peer empowerment），組織エンパワメント（community empowerment）の3つがある（安梅，2009）。

　自分エンパワメントは，自分で自分の力を湧き出させることである。たとえば，やる気になるための何かの方法を使ったり，ストレス解消のために趣味に没頭したりすることである。仲間エンパワメントは，仲間を使って力を引き出すことである。たとえば，一緒に会食したり，話し合ったりすることである。組織エンパワメントは，組織や職場，地域や仕組みなどを活用して元気にすることである。組織全体でのイベントなどのコトづくりや，地域の祭りなどは，組織エンパワメントの例である。

　これらを組み合わせて活用することが，継続的で効果的なエンパワメントの実現に必須である。これを**エンパワメント相乗モデル**（empowerment synergy model）という（図2-1）。

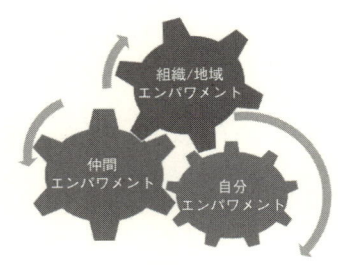

図2-1　エンパワメント相乗モデル（安梅，2012）

■2節 ● ● エンパワメントの必須条件

自分・仲間・組織エンパワメントに共通して，以下の3つの必須条件がある。

1. **希望** 希望につながるゴールが見えること。
2. **信念** 自分にはゴールに向かう力があると信じられること。**自己効力感**や**組織効力感**（外界の事柄に対し，自分あるいは組織が何らかの働きかけをすることが可能であるという感覚）が持てること。
3. **意味** ゴールに挑む自分とその努力への**意味づけ**ができること。

重要なのは，この3つがすべてそろっていることである（安梅，2013）。

たとえば，あなたの体に癌が発見されたとする。「なぜわたしが？」と怒ったり，「ありえない！」と否定するかもしれない。あるいはショックで落ち込んだり，「神様仏様，助けてください」と祈るかもしれない。しかしひとしきり落ち着いたら，現実を直視し，解決に近づくための行動を起こすだろう。対処するためには何が必要だろうか。まずは，快復するという望みを持つこと。そして，自分には快復する力や治療に耐える力があると信じること。さらに，その努力は意味のあると考えることで，自分を奮い立たせることができる。

仲間エンパワメントも組織エンパワメントも同様である。大きな危機に直面した時，どう対処するだろうか。未来を拓くゴールを設定し，自分たちの力を信じ，一歩ずつ前進する努力をみなで意味づけ，乗り越えようとするだろう。

危機的な状況にとどまらない。日々の生活においても，日常的な職場においても，この3つの要素を失うと，人はパワーレス状態に陥る。パワーレス状態とは，私には何もできない，存在する価値がないなどと思い込むことである。たとえば社会的無視は，希望，効力感，努力への意味づけを著しく損なう刃となる。周りに人がいるにもかかわらず無視されるという社会的無視は，健康状態の悪化に強く関連している（WHO，2008）。また虐待や家庭内暴力など暴力によるパワーレス状態は，脳内の神経構造を変えてしまうダメージをもたらすとした報告がある（友田，2011）。

■3節 ● 自分／仲間／組織のエンパワメントをつなぐ

　エンパワメント推進には，自分／仲間／組織のエンパワメントをつなぐ以下の3つの条件が必要である。

　　1．自分を誇りに思う
　　2．違いを楽しむ
　　3．集団の力を信じる

　まずは「自分を誇りに思う」という自尊感情が必須である。自尊感情のないところに他者の尊重は生まれないからだ。自分をしっかり持つことではじめて，他者を認めることができる。
　次いで「他者との違いを楽しむ」こと。多様性こそが，組織発展の源泉である。進化学では，進化は合理的ではなく，不合理の上に合理的なものが重なるものであると報告している。多様性や多義性，もやもやとしたわけがわからないものの中から，新しい価値や意味のあるものが生まれる。雑多であいまいな世界，一見無駄に見えるものを大切にする必要がある。いわゆる「遊び」や「のりしろ」とも通じる。
　そして「仲間と組織の力を信じる」こと。仲間，組織に必要な信頼感とは，個人と個人のつながりに関する信頼感にとどまらない。さまざまな個性を認め，その多様性を包含した集団の力を信頼できることである。
　たとえば，障がいのある子どもとない子どもが共に過ごすインクルーシブ教育。一人ひとりの子どもが自分に自信を持ち，さまざまな個性の違いをあたりまえのこととして受け止めながら，共に育ち合う時間を楽しむ。
　職場などでは，自分が認められることで，多様な他者を認めることができ，チームワークにつながる。

■4節 ● サポーターに必要な3視点

　エンパワメント・サポーターに求められるのは，当事者の価値観とニーズを明らか

にし，当事者にできることは何かを見きわめて環境を整備することである。

　当事者の価値観とは，個人，人びと，組織が大切にしている歴史や文化，思いである。ニーズとは，個人，人びと，組織が求めているものである。当事者の価値観やニーズは，サポーターの予想と違う場合が少なくない。エンパワメントの第一歩は，コミュニケーションである。当事者が何を大切にしているのか，何を望んでいるのかを，言語，表情，しぐさなどから把握する。言葉で訴えることは真のニーズとは限らない。言葉の背景にある思いをくみとるサポーターでありたい。

　さらに第1章で述べたとおり，エンパワメントの原則は当事者が主体である。当事者が継続的に自分の力で遂行できる環境を準備する。企業の場合なら，消費者が製品やサービスについてどこまで「これは使える！」「これを使っていたい！」という気持ちになるかが当事者主体の実現度を測る指標となる。すなわち，サポーターに必要な視点は以下の3点である。

1．当事者の価値観（worthiness）
2．当事者のニーズ（needs）
3．当事者にできること（使える感覚：feasibility，ともにある感覚）

　たとえば企業では，企業が消費者を，消費者が企業を，互いにサポーターとしてエンパワーする仕組みづくりが発展をもたらす。企業は消費者の価値観やニーズ，使える感覚を捉えて高品質の商品やサービスを提供し，消費者をエンパワーする。一方消費者は，その商品やサービスを自分なりの価値観，ニーズ，すばらしさに共感してブランド価値を高く評価し，社会に情報発信することで企業をエンパワーする。このような双方向性のエンパワメント推進が，組織の発展にとって必須である。

　別の例として，職場に適応できない新入社員の場合はどうだろうか。周囲の人が新入社員の状態を理解し，受け止めていく必要がある。その社員はどんな夢を描いて入社したのか，自分は何が得意だと思っているのか，何をしていると楽しいと感じるのかなど，その人が本来持っている力を湧き出させるようなかかわりが求められる。

　また保健医療福祉などの実践で，住み慣れた自宅で住み続けたいと願う足の不自由なお年寄りの場合を考えてみよう。住み続けたいという価値観を尊重し，住宅の段差を取りフラットにする。買い物や散歩などのニーズは，体重をかけても強度が十分に

ある籠付きの歩行補助具を利用する。夕食は配食サービスを利用し，一日に一度は専門職の見守りの機会を確保する。このような日常生活を自分の力で遂行できる工夫が，本人の誇りや尊厳につながる。

■5節●——●エンパワメント展開の3要素

エンパワメント展開に向けた3要素として，可塑性，多様性，全体性，がある（図2-2）。

可塑性：目標・過程・方法などの柔軟性と適応性
多様性：さまざまな可能性の包含
全体性：長期的な視点での統合性

可塑性とは，目標や過程，方法や技術などの**柔軟性**と**適応性**を高めることを意味する。それは，変化に対処できる強みである。困難にも打たれ強く，つねに前向きにものごとに取り組むことができる。エンパワメント展開の重要な要素である。

可塑性はもともと，ものごとにしなやかに対応すること，状況に適応しながら変化する性質を意味する。分子レベルから細胞レベル，臓器レベル，個体レベル，環境レベル，宇宙レベルまで，さまざまな次元で用いられる言葉である。

さまざまな次元のなかで，エンパワメント展開には，特に3つの可塑性が強く関連している。**神経可塑性，認知可塑性，環境可塑性**の3つである（図2-3）。

神経可塑性とは脳神経の性質であり，状況に応じて神経のつながりをつくり上げていくことである。認知可塑性とは人の認知機能の性質であり，ものごとの見方を柔軟

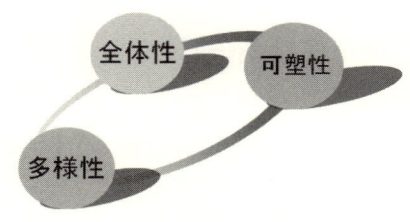

図2-2　エンパワメント展開の3要素

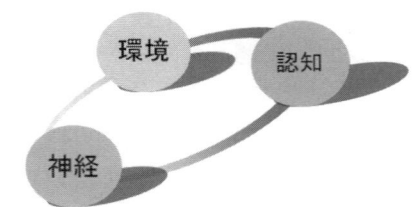

図2-3　可塑性（plasticity：変化させる能力）

に変化させ，ものごとにうまく適応することである。環境可塑性とは環境の生態学的な性質であり，気候変動や社会背景など諸条件の変化に応じて，もっとも安定しバランスが取れる状態に環境が変化することである。

　これら3つの種類の可塑性は，実は深くつながっている。たとえば，ものごとの見方を変えて認知可塑性を発揮すれば，脳の中で神経のつながりも変化する。そして行動を起こして環境に働きかければ，環境の状態を変えることができる。

　つまり，神経，認知，環境のどれか一つを意図的に動かすことで，他の可塑性を変化させることができる。意図的に動かすのは，神経可塑性，認知可塑性，環境可塑性のいずれが最初であってもかまわない。私たちは，この可塑性の連動を無意識で行っている場合も多い。しかし時にはあえて意識化することで，可塑性の効果をさらに有効活用することができる。

　日常生活において，私たちがもっとも容易に可塑性を発揮できるのは，ものごとの見方を変えるという認知可塑性であろう。積極的に認知可塑性を活用し，脳神経の回路を目的に向かってより効果的に対処できるよう組み替えたり，行動しやすい環境の整備につなげることができる。

　多様性とは，さまざまな可能性を包含するふところの広さを意味する。多様性は次の発展への大切な宝物である。それは進化論，遺伝学，脳科学など数多くの分野で成り立つ原理である。

　全体性とは，長期的に全体としての**統合性**が発揮されることを意味する。人，人びと，組織がそれぞれ別々に動いているように見えても，全体としてそれらを統合する仕掛けが必要である。その時々には浮き沈みはあっても，長期的な視点でバランスを取りながら発展していく。

　エンパワメントの展開にとって，可塑性，多様性，全体性の3つが大黒柱といえよう。

6節 エンパワメント力動モデル

エンパワメントには、自分エンパワメント、仲間エンパワメント、組織エンパワメントの3つの種類があること、そしてこれらを組み合わせるエンパワメント相乗モデルについて、1節で言及した（図2-1参照）。

このうち、組織エンパワメントは、さらに3つのレベルに分けられる。いわゆる狭義の組織を対象とする**組織エンパワメント**、市場や地域などの**社会エンパワメント**、そして制度や仕組みを対象とする**システムエンパワメント**の3つである。**自分エンパワメント**、**仲間エンパワメント**を加えると5つの要素となり、これらのダイナミックな関係性を**エンパワメント力動モデル**という（図2-4）。

エンパワメント力動モデルは、5つのレベルのエンパワメントが、互いに強め合ったり弱め合ったり、複雑な関係性を示すモデルである。相生、相剋などの性質をあらわす易経の五行と類似している。相生とは隣り合う要素が互いに助け合う、強め合う関係にあることであり、相剋とは一つ隔てた隣の要素とはけん制し合う、反発し合う関係にあることである。

自分／仲間／組織／社会／システムエンパワメントは、互いに影響を及ぼす一連のつながった円環である。したがって、5つの要素それぞれが助け合い強め合う「相生の関係」にある。しかし、けん制したり反発したりする「相剋の関係」ともいえる。

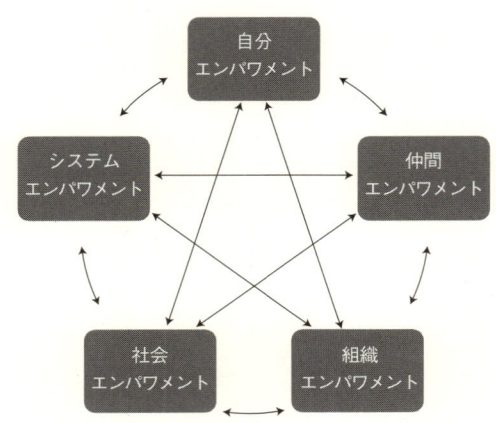

図2-4　エンパワメント力動モデル

たとえば，以下のような関係がある

①個人が強すぎると組織を弱める。
　個人主義が重んじられる組織では，集団としての意思決定が難しいことがある。
②一部の組織が強すぎると，規範としてのシステムを弱める。
　強い組織や部門が主張を貫くと，全体のシステムの論理を歪めることがある。
③システムが強すぎると規則で縛り仲間を弱める。
　全体主義的な統制などは，異分子集団を排除することがある。
④仲間が強すぎると派閥をつくり社会を弱める。
　自己利益追求の仲間集団は，社会全体のウェルビーイングに対し無関心を装うことがある。
⑤社会が強すぎると，個人を弱める。
　社会規範を強要して，個人の自由を束縛することがある。

　このモデルを適用すると，包括的にものごとの本質を見きわめたり，状況の変化を柔軟にとらえたりすることができる。
　たとえば，保健医療福祉の実践において，単に個人のウェルビーイングに注目するにとどまらず，個人を取り巻く家族，仲間，組織，地域社会，そして制度や仕組み，文化や歴史にも注目した複合的な関係性，個人の成長発達や加齢にともなう他の関連要因の変化を体系的にとらえることができる。
　また企業では昨今，市場開発にとどまらず，新技術を消費者個人やその仲間や組織を巻き込んだエンパワメントにどうつなげるか，たとえばいかに消費者をパートナーとしてブランド・ファンとするかに関心が高まっている。特にインターネットを利用したソーシャル・ネットワーキング・サービス（SNS）の進展から，仲間や社会組織を介した個人への働きかけの手法が注目されている。エンパワメント力動モデルを用いることで，さらに有効な戦略を構築できる可能性がある。

第3章
エンパワメント環境づくり

■1節 エンパワメント環境づくりの8要素

　エンパワメント環境づくりに向け，8つの要素（eight values for empowerment）をそろえることが求められる（安梅，2012）。
　これらはエンパワメント実現に必要であるとともに，効果を測定する評価指標としても活用することができる。

(1) 共感性
　エンパワメント環境には，共感性（empathy）が欠かせない。自分の意志を持ちながら，他者にも同じように明確な意志があることを認める。他者の意向を受け止め，自らのことと置き換えて他者の意向を理解することができる。それが共感である。
　共感性は，人と人との間にとどまらない。事業やプログラムの趣旨や内容，成果や貢献などへの共感性が，エンパワメントの実現に大きく影響する。共感性の高いプログラムやメンバー間のつながりは，エンパワメント実現への大きな力となる。

(2) 自己実現性
　自己実現性（self-actualization）とは，メンバー一人ひとりが，自己の活動によって自己の価値観を実現することができると感じていることである。人は意味がある，楽しいと感じるときに動く。それは子どもからお年寄りまで，生涯を通じて変わらない。自己実現性の高い活動であれば，人びとが自ら参加したいと願い，活動にとどまり続けたいと願うようになる。

(3) 当事者性

当事者性（inter sectoral）とは，メンバー一人ひとりが，人ごとではなく自分のこととしてかかわっていることの指標である。自分のこととしてかかわるとは，ゴールの達成に自分の役割があると確信している状態をさす。

人は自分の立ち位置が見えない場合，自分のこととしてとらえることが難しくなる。特に多くの人びとが参加する事業や企業の場合，なんとなく他者の中にいることでいいと認識し，当事者性を持てない場合も多い。

エンパワメントを促進するためには，何らかの役割を持ち，それがどんなに小さな役割であっても全体に貢献することを明示する必要がある。

(4) 参加性

参加性（participation）とは，実際にメンバー一人ひとりが，活動に影響を与えていると感じていることの指標である。これは物理的な参加にとどまらない。人びとが何らかの形で，確かにかかわっていると思えることの指標である。

自己実現性や当事者性との違いは，参加性には目に見える形で，自分や他者が認識できる参加行為や具体的なかかわりがある点にある。人は他者により認識されることで自分を意味づけることができる。そのきっかけとなる参加やかかわりがあるかどうかを指標とすることができる。

みなで何かを一緒に行うという「コトづくり」を通じて，それが各人の日常にかけがえのないものとして位置づけられるような「仕掛けづくり」が大切である。当事者のやる気，すなわち内的な動機づけにつながる仕組みをつくる。当事者の参加や参画をイベントの一つとして定常的に設定することも一案である。

(5) 平等性

平等性（equity）は，メンバーの連帯を促進するうえで必須である。メンバーが，事業やプログラムの内容，フィードバック，メンバーに対する処遇が平等と感じないと，力は湧かず，逆に力を奪う状態に陥る。

必ずしも平等にできない状況においては，メンバーが納得できる合理的な理由を提示し，メンバーすべてに受け入れられる環境を整えることで，平等性を担保する場合もある。

(6) 戦略の多様性

多様性（multi strategy）は，事業やプログラムの発展に向けた多様な資源の確保につながる，個人，組織，環境にとって大きな強みである。メンバーの多様性に加え，用いる資源の多様性を考慮する。さまざまな人，資源，戦略を複合的に組み合わせて，事業やプログラムを遂行する。

(7) 可塑性

可塑性（plasticity）は，さまざまな状況変化に柔軟に対応できるかどうかの指標であり，個人や組織の発展に大きな影響を及ぼす。メンバーや環境が変化しても，メンバー，事業やプログラム，目標達成へのプロセスが前向きに形を変化させながらどこまで対応できるかを評価指標とする。

(8) 発展性

将来への発展性（innovation）や持続可能性は，メンバーに安定感をもたらす。なぜなら将来を描くことで，現在の自分あるいは自分たちの行動規範を設定し，役割を戦略的に決めることができるからである。事業やプログラムでは，発展へのイノベーションや安定した継続の見通しがあるかを評価指標とする。

■2節 エンパワメント環境づくりの7つのコツ

エンパワメントを効果的に推進するためにはコツがある（表3-1）。以下にその内容を概説する（安梅，2012）。

表3-1 エンパワメント推進の7つのコツ （安梅，2012）

1. 目的を明確に
2. 関係性を楽しむ
3. 共感のネットワーク化
4. 心地よさの演出
5. 柔軟な参加形態
6. つねに発展に向かう
7. 評価の視点

(1) 目的を明確に

　まずは当事者を巻き込む必要がある。ここでいう当事者とは，直接かかわる人にとどまらない。支援を必要とする人，雇用者，消費者の家族や仲間，事業に関連する地域の住民など，当事者が接するすべての人びとが当事者となる。当事者のニーズに基づき目的を明確に設定する。そのニーズは当事者の価値観を反映している。価値観とは，目指す状態を実現するプロセスにおいて，守る必要のある基準や方針などである。一人ひとりの価値観を束ねて，組織の基本的な考え方，理念，行動指針，方針などを共有していく。

　当事者に価値観に合致した成果を与えることが，参加意欲や一体感につながる場合が多い。そして実践や事業など，その場限りで価値観を共有するだけでは本質的な「やりがい」を得ることは難しい。なぜなら人は，仲間や社会の人びととのつながりや共感を得ることで，自分の存在や仕事の「意味」と「喜び」を確認できるからである。各人の価値を大切にしながら，組織が目指す価値を当事者がつねに認識して，言葉として確認し合うことが有効である。

　共有する価値のある知識，課題や新しいアイディア，将来の活動をお互いに理解し，各々が影響を与えることができると感じられる**共感に基づく価値**が求められる。これらは参加している当事者による価値づけである。

　また，スタッフ的な位置の人や外部の専門家など，当事者以外により価値づけを行うとよい。たとえばその取り組みがどれだけ社会的に価値があるか，どのようにすれば力を引き出すことができるかなどについて，多側面の専門的な視点から補完することが望ましい。

(2) 関係性を楽しむ

　関係性を楽しむとは，人びとや組織の関係性や，テーマへの取り組みのプロセス自体を楽しむという意味である。

　エンパワメントのもっとも重要な原則は「ともに楽しむこと」である。そもそもが「共感に基づく自己実現」に大きく依存するからである。

　そのためには，自発的なかかわりが生まれ，関係性を楽しむような**開放的な雰囲気**，これと特定できなくても，何かしら自らが得られるものを感じる**互恵性**，そして何よりも**信頼感**が必要である。

孔子の言葉に「これを知る者はこれを好む者にしかず，これを好む者はこれを楽しむ者にしかず」がある。何かを成し遂げるためには，楽しむことがもっとも効果的なのである。

エンパワメントは**縁パワメント**とも言える。人びとや組織のつながりを強め，さらにその関係を楽しむ環境づくりが求められる。

(3) 共感のネットワーク化

共感のネットワーク化とは，近親感と刺激感の両方の感覚を持ちながら，つながっていると感じることである。近親感とはリラックスした安心感，刺激感とはピリッとした緊張感である。エンパワメントは，硬柔合わせ持つこと，すなわち安心感と緊張感との両側面を持つことで，より活性化することが知られている。

人びとの個人的な関係が強く親近感の高い状態であれば，組織全体での活動は中身の濃いものとなる。日常的な，私的なやり取りの中から得られた信頼感を，新しい活動に結びつけたり，逆に全体の活動から1対1の緊密な関係を育む。一方，場面ごとに複数のグループに所属する機会があれば，刺激感が増大する。日常的な関係性から解き放たれた，他組織における新しい立場から刺激を得る。

共感のネットワーク化を促進するためには，定例的な活動と刺激的な新しい活動を意図的に組み合わせるとよい。これまで出会った人びととは違う対象との人間関係や，刺激的なテーマを拡大して人びとの関心を引きつけるなどの工夫をする。

(4) 心地よさの演出

ヒトの脳は，リズムを心地よいと感じる臓器であると脳科学で明らかにされている。実は自然界にあるものには，すべてにリズムがあることが示されている。植物や動物の成長のリズムから，宇宙の拡張するリズムまで。伸びる時期ととどまる時期，繰り返す時期と変容する時期など，成長や発展の過程には共通してリズムがある。個体の成長はもとより，人と人，人と組織，外部社会との関係など，組織や社会の成長も同様である。

そこで成長や発展を促すために，意図的にリズムをつくることが重要である。個人でも組織でも，リズムが成長を促す。たとえば困難に出会い雌伏していても，長い目で見るとそれが飛躍的な成長への契機になることが多々ある。生涯発達科学では，脆

弱性（vulnerability）があるからこそ，それを乗り越える強さや，他者を思いやる共感性を獲得できるとしている。養殖漁業の分野では，時にはあえて大きな魚を登場させて緊張した小魚の環境をつくることで，実は小魚は活き活きし，長生きしたり生産性が上がったりすると言われる。

　リズムは鼓動である。人体では心拍や脳波など，リズムが確実にエネルギーを全身にいきわたらせる波となる。同じように，当事者，人びと，組織をリズムにより活気づけることができる。

　心地よさを演出するには，以下のような取り組みが有効である。

①多くの人びとに触れる刺激と，親密な人間関係を醸成する機会とのつり合いをとる。
②新しいアイディアを生み出す討論会と既存知識の普及を目指す研修会とのバランスをとる。
③多様な人びとの出入り，さまざまな活動の実施時期のリズムをつくる。
④交流や発展への鼓動などを当事者間で意識化する。
⑤時宜に見合ったリズムを意図的に生み出す。

　エンパワメントの推進には，「変化」と「秩序化」の2つに取り組む時期のリズムをつくる。「変化」は環境の移ろいを敏感に察知し適応すること，「秩序化」は生み出した適応の方法を秩序化して，より効果的，効率的，拡張的に広げていくことである。
　「変化」の取り組みは，人びとや組織が前提として，ふだん意識せずに判断の拠り所となっている価値基準を見直すことから始める。それが望ましいものであるのか，それとも変更が必要なのかを判断し，必要があれば柔軟に修正する。人びとや組織の「前提」を明らかにし，これを見直すということが求められる。
　「変化」の取り組みでは，これまでの考え方や方法を捨てることが求められる。しかし実際には，多くの人や組織は捨てることが下手で，今までうまくいっていた考え方や方法に固執してしまう。変えなければならない方向を変えずに，今までうまくいっていた過去の考え方や方法をもっと効果的にやろうとする。
　「変化」の取り組みのためには，変化すべきものと秩序化すべきものの見極めが重要である。秩序化するということは変化を止めることである。変化とは秩序化の反対，

すなわち既成概念を壊すこと，破壊の対象である。

人びとや組織の考えや行動，意思決定の背景にある前提や枠組みを見直し，望ましいか否かを判断し，必要があれば修正するという「変化」の取り組み。共有の価値を普及させる「秩序化」の取り組み。こういったエンパワメントに生きた鼓動を与える「変化」と「秩序化」を，いかに美しいリズムで紡ぎあげるかが個人や組織の腕の見せどころである。

(5) 柔軟な参加形態

人びとの参加の状態や役割は，時期により変化を認めるなど，柔軟な幅を持たせることが原則である。また，参加者，参加時期，参加形態がさまざまであることを認める。

たとえば，参加の形態には，下記のような種類がある（図3-1）。

①コーディネーター：企画や組織の調整的な役割を担う人
②中核メンバー：企画や運営に積極的にかかわる人
③活動メンバー：活動に日常的にかかわる人
④協賛メンバー：関心のあるときに参加する人
⑤参照メンバー：必要に応じて専門的な情報や技術を提供する人

どのレベルのメンバーも，それぞれの役割を，「いつでも」果たすことができる，という気持ちになる活動を組むよう配慮する。

エンパワメントを成功させるには，参加を強制するのではなく，磁石のように自然に無理なく参加できる雰囲気づくりが有効である。また，どのメンバーも必要に応じて中核メンバーや活動メンバーとして活動できるよう，いつでも柔軟に変更可能な参

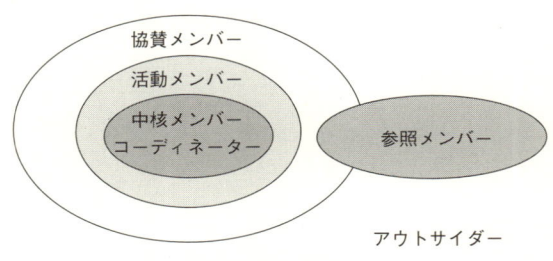

図3-1　参加形態の種類

加形態とすることが重要である。

(6) つねに発展に向かう

　人も組織も，一つの状態にとどまっていられない存在である。未来に向かい，つねに発展を目指して動くことで活性化する。硬直化せずに，さまざまなメンバーを柔軟に取り込む。環境に適応したダイナミックな活動を展開する。

　エンパワメントの目指すところは，いわば「活き活きした人，人びと，組織」を育むことである。人びとや組織が本来備えている力を湧き出させることで，人びとや組織を変えていくことができる。

　米国の薬物中毒患者救済機関の設立者ディードリッヒは「今日という日は，残りの人生の最初の一日」と表現した。

　未来への活き活きした視点を維持するために，「つねに発展に向かう仕掛け」を備えることが重要である。

(7) 評価の視点

　活動の意義を感じるためには，活動の意味づけ，すなわち評価の視点が必要となる。それは，活動にかかわる「価値」を明らかにすることである。組織や活動にかかわることにどんな意味があるのか。その目標，活動結果，影響力，コストはどの程度なのか。それらを知ることで，満足感を得たり，将来への見通しを得ることができる。

　エンパワメントを推進するには，活動の価値を，つねに明らかにする必要がある。必要に応じて活動の途中で評価し，状況を客観的に測定する。どの程度力を持っているのか，あるいはどの程度力を持つことができるのか，顕在力と潜在力を明らかにする。さらに，新しいやり方の提言，将来生じる可能性のある課題を予測する。

　評価により価値を明示することで，人びとと組織が積極的に参加する動機づけができる。評価にあたっては，コミュニティの本質を見抜くことのできる，内部の者と外部の者の両者による評価が有効である。

　評価の目的は次の展開に活かすことである。「私は失敗したことがない。ただ，うまくいかない一万通りの方法を見つけただけだ」と語るエジソン同様，評価をさらなる発展への足掛かりとする姿勢が求められる。

第4章
エンパワメント実現に向けた設計技術

■ 1節 ●──● エンパワメントの流れをよむ

エンパワメントは，現在の立ち位置を明らかにしながら進める必要がある。その際の目安になるのがCASEモデル（Creation 創造，Adaptation 適応，Sustenance 維持，Expansion 発展）である（図4-1）。世界各国のエンパワメントプログラム設計で活用されている（Anme & McCall, 2008）。エンパワメントの当事者が，どの発展段階にあるのかを踏まえながら，さまざまな技術を活用することが有効である。

創造段階は，何もないところから，新たに活動や関係性が発生する段階である。創造技術，創発技術，変革技術など，新しい活動や関係性の開始に向けた技術が必要である。

適応段階は，発生した活動や関係性が周囲との調整で定常化するまでの段階である。適応技術，調整技術，協調技術，伝達技術など，活動や関係性を軌道に乗せるための環境調整，チーム調整などを含む技術が求められる。

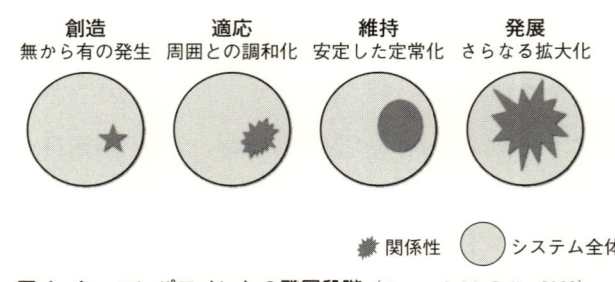

図4-1　エンパワメントの発展段階（Anme & McCall, 2008）

維持段階は，活動や関係性を定常化する段階である。活動や関係性の維持技術，実施技術，追求技術，統制技術など，安定した形で維持するための技術が重要となる。

発展段階は，さらなる進展に向けて活動や関係性を拡大する段階である。展開技術，影響技術，統合技術など，混沌とした複雑な対象に対して統合的に発展するための技術が求められる。

エンパワメント推進には，つねに発展し変化する立ち位置を踏まえ，状況に適合した戦略の設計が大切である。

■ 2節●━●共鳴するビジョン設計

実践や企業などの組織においては，そこを利用している人，そこで働いている人など，当事者を巻き込んで将来に向かう道筋をつくることが，繰り返し必要になる。「夢を見ることができれば，実現できる」とウォルト・ディズニーは言った。物事を成しとげる力の大きな源は，夢と志である。

イノベーションを普及させる3ステップ，①ビジョンを描く，②ニーズに応える，③**広く認知させる**，という仕組みづくりは，実践も企業も共通である。たとえば小集団活動として実施することで，みなが共鳴するビジョンが設計できるとともに，実現への動機づけにつながる。

共鳴する仕組みづくりの第一歩として，自分たちの組織や利用している場所，仲間たちと過ごす場所がどうあってほしいかを，ビジョンとして描くことが有効である。消費者や住民，患者，施設利用者など，当事者を巻き込んで実施することが望ましい。実践にあたっては，ビジョンという言葉を，わかりやすい「夢の花」というような言葉に置き換えるのも一法である。「夢の花」という言葉の響きには，明るいきざしや希望が感じられる。前をしっかり向いて「そうだ，やってみよう」という意欲を引き出すことができる。自らが社会の一員であることに目覚め，仲間とともにあることをうれしく感じることができる。見通しをもって前進する力強さが得られる。

キーワードは，だれもがともに（インクルージョン），**本来持っている力を最大限に発揮して（エンパワメント），夢に向かって進んでいくこと（イノベーション）**である。この3つをキーワードにすることで，どんな組織でも「当事者が共有できる基盤」をつくることができる。手順は次のとおりである。

①基本となる考え方（たとえばインクルージョン，エンパワメント，イノベーション）をメンバーで共有する。すべてのメンバー，すべてのチームが，このキーワードに沿った未来を描くことを確認する。【理念の共有】

②ブレーンストーミングで「夢の花」のアイディアを描いていく。目標を実現する時期を明確にする。たとえば，大きな夢であれば遠い時点に，現実に近い夢であれば近い時点に，目標を実現する時期を定めるとよい。【目標設定：ビジョンを描く】

③「夢の花」を養う「根」と「葉」を描く。根は土からどんどん吸収する「現在持っている資源」，葉はこれから光合成してつくる「新たにつくる必要がある資源」である。【既存資源，調達資源の整理】

④「夢の花」を支える「幹」を描く。幹は養分を花に届ける筋道である。実現のためのプロセスを年次計画として具体的に整理し，夢の花がつぼみから大輪を咲かせるよう十分に栄養が届くようにする。【プロセス設計：ニーズに応える】

⑤だれもがわかるように，成果のイメージ図を作る。「夢の花」実現の暁に一般の人たちに広告する，という具体的な設定にして視覚化してもよい。【ビジュアル化：広く認知させる】

⑥さまざまな人びとからのフィードバックを盛り込む。たとえば，強みや良さのSポイント（Strength：すごい，すばらしい点）と，もっと工夫したり挑戦したりできるところのCポイント（Challenging：工夫できる点）の2つを，すべての参加者から集めて反映することが効果的である。

⑦これらを盛り込んで，次節で解説するエンパワメント・プロセス設計を作成する。エンパワメント・プロセス設計とは，ロジックモデルに基づき，①目標，②現状，③背景，④影響要因，⑤支援方法，⑥根拠を論理的に明示することである。

■ 3節 ●—● 協働するプロセス設計

　当事者のニーズや意向を反映したエンパワメントの設計には「エンパワメント・プロセス設計」の活用が有効である（図4-2）。このモデルの特徴は，目標と支援方法がどのようにプロジェクトを成功させるかの「筋道と根拠」を明示できる点である。プロジェクトが成功するかどうかの可否（whether）に加えて，方法（how），根拠（why）

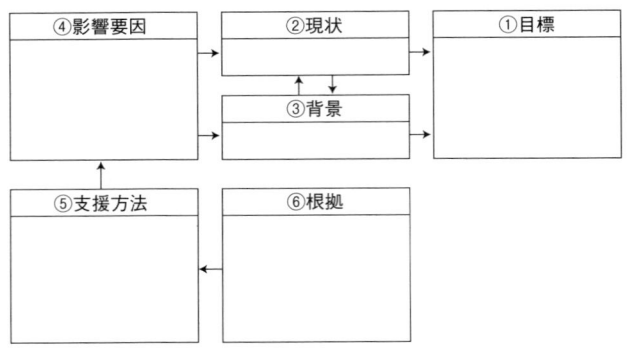

図4-2　エンパワメント・プロセス設計（安梅, 2005）

を論理的に明確にする（Anme & McCall, 2008）。

　これは，以下の6つのステップに沿って順に整理するものである。

　　第1ステップ　もたらしたい成果は？
　　第2ステップ　現状は？
　　第3ステップ　背景は？
　　第4ステップ　問題点や課題，背景要因に影響を与える要因は？
　　第5ステップ　影響を与える要因を変化させる支援（戦略）は？
　　第6ステップ　根拠は？

　第2部活用編では，すべての事業にエンパワメント・プロセス設計を付記した。詳細は各事例を参照されたい。

第2部

活用編

第5章
みんなで未来をひらく
——夢実現への設計図

■ 1節 ●—● 夢の花ワークショップとは？

1．概要

　エンパワメントには，「自分エンパワメント（セルフ・エンパワメント）」「仲間エンパワメント（ピア・エンパワメント）」「組織エンパワメント（コミュニティ・エンパワメント）」の3種類がある。「自分エンパワメント」「仲間エンパワメント」「組織エンパワメント」を組み合わせ，より強い力で推進するモデルが「エンパワメント相乗モデル」である。

　エンパワメントの根幹は，「仕組みづくり」と「チームづくり」である。人びとや組織，地域などコミュニティの持っている力を引き出し，発揮できる条件や環境を仕組みやチームとしてつくっていく。そこでは仕組みやチームが，継続的に力を発揮できる条件を整えることが重要である。

　エンパワメント相乗モデルを活用し，組織やチームのメンバーが当事者であり続ける仕組みをつくるため「夢の花ワークショップ」を活用した。「参加」「共創（みなでつくりあげる）」，そして「継続」を具現化する有効な手法である。

　これまで人任せで，だれかがやってくれるのを待っていた組織やチームのメンバーが，自分たちでアイディアを出して変えていくことに大きな喜びを感じながら進めるのが，「夢の花ワークショップ」である。

2．展開方法

(1) 実施方法

　参加者を1グループあたり6〜8名程度になるようグループ分けを行う。各グループは多様な意見が出て刺激が得られるよう，できるだけさまざまな背景を持つメンバー同士を組み合わせるようにする。

　実施前に必要となる物品（付箋紙：各色の7 cm四方サイズ，模造紙：各グループ6枚，マジックペン：各グループ1セット，セロハンテープ：各グループ1個）を準備する。

　コーディネーターの進行で，以下の手順でワークショップを進めていく。

1) 夢を描く

①基本となる考え方をメンバーで共有する（第4章2節参照）。

②1枚目の模造紙をテーブルや床の上に広げ，各参加者が共通の組織やチームの「夢（たとえば5年後または10年後）」を付箋紙に書き，模造紙に貼っていく（個人作業）。

③各参加者から共通の組織やチームの「夢」が出揃ったら，一人ずつグループ内で発表する。

④参加者から出された「夢」について，内容等により模造紙上でグループ分けをする。

⑤グループ分けされた「夢」の集まりを一枚の花びらに見立て，模造紙にマジックペンで「夢の花」を描く。

⑥「夢の花」が描かれた模造紙を，セロハンテープで壁等に貼る。

⑦すべてのグループの「夢の花」を発表し合い，情報共有する。他チームのすばら

しいところはどんどん自チームに取り入れる。

2) 利用できる資源を確認する

⑧2枚目の模造紙をテーブルや床の上に広げ，各参加者が共通の組織やチームの「夢」を実現するために「利用できる資源」を付箋紙に書き，模造紙に貼っていく（個人作業）。

⑨各参加者から共通の組織やチームの「利用できる資源」が出揃ったら，一人ずつグループ内で発表する。

⑩各参加者から出された「利用できる資源」について，内容等により模造紙上でグループ分けをする。

⑪グループ分けされた「利用できる資源」の集まりを1枚の葉に見立て，模造紙にマジックペンで「葉」「茎」を描く。

⑫「葉」「茎」が描かれた模造紙を，セロハンテープで壁等に貼る。

⑬すべてのグループの「葉」「茎」をつけた「夢の花」を発表し合い，情報共有する。他チームのすばらしいところはどんどん自チームに取り入れる。

3) 必要な資源を確認する

⑭3枚目の模造紙をテーブルや床の上に広げ，各参加者が共通の組織やチームの「夢」を実現するために「今はないが必要な資源」を付箋紙に書き，模造紙に貼っていく（個人作業）。

⑮各参加者から共通の組織やチームの「今はないが必要な資源」が出揃ったら，一人ずつグループ内で発表する。

⑯各参加者から出された「今はないが必要な資源」について，内容等により模造紙上でグループ分けをする。

⑰グループ分けされた「今はないが必要な資源」の集まりを1本の根に見立て，模造紙にマジックペンで「根っこ」を描く。

⑱「根っこ」が描かれた模造紙を，セロハンテープで壁等に貼る。

⑲「夢の花」完成。すべてのグループの「葉」「茎」「根」のついた「夢の花」を発表し合い，情報共有する。他チームのすばらしいところはどんどん自チームに取り入れる。

4) 実現へのプロセスを設計する

⑳実現に向け，実現までの年次ごとに，どのように資源を調達し実現するかを整理

する。

㉑すべてのチームで発表し，討論し合う。

5) 成果のイメージ図を作る

㉒完成した成果をビジュアル化し，すばらしさを伝えるイメージ図を作る。

㉓すべてのチームで発表し，討論し合う。

これらは段階に分けて実施し，必ずしも全部を完全に遂行しなくてもかまわない。

たとえば，住民との共同作業であれば，まずは「1) 夢を描く」のみ実施し，住民参加のきっかけづくりとして活用するとよい。1時間もあれば完成する。もう少し深めたい場合は，1)〜3)を実施する。目標を実現するための資源の活用法がみえてくる。半日〜1日で，しっかりとした根と葉に支えられた夢の花を描くことができる。さらに実現へのプロセスを明確にしたい場合は，1)〜5)を実施する。2日ほどあれば全体を遂行できる。

(2) 予測される効果

エンパワメントは，「現実の関係性のつながり」と「共感イメージのネットワーク」という2つの側面を持つ。現実とイメージの両方が，車の両輪のようにエンパワメントを推進する。

そのためには組織やチームの中で，目標と方向性を同じくし，相手と自分のために力を出し合うことが必要である。「夢の花ワークショップ」を活用することで，組織やチームの中でともに目標を描き，自分の役割が何かを理解し，自分の力を最大限に発揮し，チームのメンバーの力を活かすことにつながると考えられる。

目前の利益ではなく長い目でみて，大局的にすべての人が相手と自分のために努力

する仕組みをつくれるかどうかが組織の生命線である。その仕組みをつくるのが,「夢の花ワークショップ」である。

■2節●─●夢の花ワークショップ成果例

夢の花ワークショップを5チームで実施した。夢の花として,現状にとらわれず,自由な発想で未来を描いた。本節では成果のイメージが湧くよう,その概略を例示する。

1．チーム「五輪ジャー」　→ 事例1 (p.42・43) 参照

1) プランの目標
最終的な目標は,地域を単位とし,世界中が幸せになることである。それに向かい,国内のみならず世界に五輪ジャーモデルを普及させ,地域性を重視した取り組みを用いて地域のエンパワメントを目的とする。一人でも多くの「幸せ」をつくり出すことを,段階的な目標とした。

2) プランの強み
「地域」「教育」「食」「利用者」「職員」という5つの柱を軸に,①障がい者および高齢者の就労支援（潜在能力の発揮,自己実現）,②貧困者対策,③次世代育成,④今ある資源の活用,⑤他業種とのコラボレーション,⑥利用者の生活の充実,⑦職員満足,という7つの視点から地域全体の満足度を高める内容を盛り込んだ。

またプラン作成の過程においては,長年にわたり地域の中で事業を展開してきた法人だからこそできる取り組みを重視した。

3) 実現への工夫
プランの強みの7つの視点を踏まえ,最終的にそれらを包括する場所をレストランとした。レストランというだれでも気軽に入ることができる場所を五輪ジャーの窓口にした点,地産地消がポイントである。

4) チーム名の由来
2020年のオリンピックならびにパラリンピックの開催が東京に決定したことにヒントを得た。オリンピック,パラリンピックの象徴が五輪であるように,私たちの考える5つの柱も五輪にたとえられるのではないかと考えた。5つの輪一つひとつが意味

を持ち，それらが関連して大きな目標を達成できるというビジョンである。

その目標に向かい利用者および職員を含む地域住民が自分エンパワメントを達成し，それぞれの強みを活かし活躍することを願い，戦隊ヒーローにちなんでチーム名を「五輪ジャー」とした。

2．チーム「タートル」　→ 事例2 （p.44・45）参照

1）プランの目標

地元に愛されるスポーツチームで町おこし。働く場の提供や育児，住民の安心，安全，安らぎ，そして楽しみのきっかけづくりをし，活動の場を提供することが目標である。古き良き日本のご近所付き合いの絆を，法人としての専門性を生かし，新しい形で地域に復活し，再構築していく。住民が中心の活動を目標とする。

2）プランの強み

一人ひとりが地域に貢献していると実感できるように，テーマを町おこしとした。地域の中で働くことで生きがいを感じてほしいと願い，大きな夢をともに育ててかなえるプログラムを計画した。高齢者や障がい者が就労できる場の確保とともに，地元住民の積極的な雇用を通じて，地域の再生につなげる。チーム名であるタートル（亀）のように小さなことをコツコツと行うことで，数年後にはさまざまな強みが花開き，楽しみながら目的を達成することができる。

3）実現への工夫

一法人だけでは不可能であり，企業や学校，住民等の協力を得るよう工夫した。選手も応援があってこそ，力を発揮できる。地域で取り組むことが継続の強みとなり，それぞれの企業や個人の特性を生かし，人と地球環境の調和を図りながら新しい環境づくりに取り組む。自治体，企業，学校，住民等の結束力を高め，一人ひとりの参加型の街づくりになる。

4）チーム名の由来

ワークショップ当初，自己紹介をしたときのことである。メンバーの一人が趣味で長年飼い続けている亀の話で盛り上がったことから「タートル」と名付けた。うさぎと亀の話のように，ゆっくりであるが確実に前進し，長生きする亀に願いを込めた。

3．チーム「蕾」 → 事例3 （p.46・47）参照

1）プランの目標
「だれもの（Everybody）のしあわせ（Happy）のために（住所，人種，性別，年齢，身体的精神的状況，経済状況等の違いにかかわらずすべての人びとが対象）」をテーマに総合公園を建設することで，「場づくり」「教育」「地域づくり」「困っている人」「利用者」の5つの領域における「あったらいいな」「協同」「社会参加」を追究し，地域のエンパワメントにつなげる。

2）プランの強み
すべての人が安全に利用できる全面ユニバーサルデザインとし，全世代，障がいのある人が一緒に利用できる場所を提供する。公園の中に研修施設を設けることで，多くの人に保健福祉を身近に感じ，情報発信の場として期待できる。地元企業の積極的な参入を促すことで，地域のつながりを強化する。職員には生活困窮者等を積極的に雇用し就労支援へとつなげる。プラネタリウムを設立し，障がいの程度に関係なく非日常の楽しみを提供することができる。

3）実現への工夫
定期的な地域会議を開催することで，地域のニーズの変化を把握する。専門職に関しては専門性をさらに高め，開園直後から質の高い相談援助を実践する。希少価値のある動物やマスメディアを利用することで，知名度向上や普及化を推進し，より多くの人びとに提供できるようにする。

4）チーム名の由来
将来どのような花が咲くのか，期待しながら見事な夢の花を咲かせようと努力を重ねていくことをねらい，開花した状態ではなくあえて蕾という名前をつけた。

4．チーム「胡蝶蘭」 → 事例4 （p.48・49）参照

1）プランの目標
私たちは，だれもが癒しと安らぎを感じて幸せになり，日常生活がより充実する場所として，「しあわせの庭 HAPPINESS GARDEN」をつくることにした。

2）プランの強み
自然と一体化した庭園や屋上からの景色を堪能できる。ブランド野菜や里山でのし

いたけ栽培で収穫したものを，カフェメニューに活かし，販売を行い，法人ブランドをつくる。

　カフェや野菜栽培においては，障がい者や高齢者を雇用し，地域社会と縁遠くなっている人びとと地域との接点をつくる。カフェはだれでも利用でき，職員もミーティングなどで使用する。動物好きの人や動物と接する機会が少ない人に，アニマルセラピーとして動物と触れ合い，癒しの機会とする。

　広報は，法人アプリを開発することで，手軽に情報発信ができる。「ゆるキャラ」を開発し広報ツールとすることで，多くの人びとにガーデンの存在を浸透させ，法人の活性化につなげる。

3）実現への工夫

　法人内の敷地を活用して実施し，養護老人ホームや知的障害者施設で従事する農作業の技術を活用する。カフェでは管理栄養士の専門性を活かしたメニューを提供し，ドッグランでは，保育園のアニマルセラピーに協力を依頼する。庭園づくりでは，里山づくりでの経験，地域の人の協力，介助員を活用する。施設利用者や職員が持ち合わせている知識や情報を，内部資源として活用する。法人の障がい者，高齢者，外国人雇用の方法の蓄積を活かすことで，多様な雇用に対応する。これら法人内にすでにある資源を有効活用することが，実現に向けた強みである。

4）チーム名の由来

　胡蝶蘭の花言葉は，「幸せが飛んでくる」であり，すべての人に幸せを感じてもらいたいという想いで，このチーム名とした。

5．チーム「夢パンマン」　　→ 事例5 （p.50・51）参照

1）プランの目標

　テーマを「そうだ！芳香会へ行こう！！」とした。だれもが法人を身近に感じ，困った時には法人があり安心と思うように，サークル活動から大きなイベント，テーマパークに結び付けることを目標とした。

2）プランの強み

　障がいの有無にかかわらず，すべての年代のだれもが生きがいを持てる場所や仲間をつくることのできる場所を提供する。また，地域の人だけでなく，利用者や職員の個性や能力を活かしたイベントや行事を実施することで，自分エンパワメントが高ま

り，仲間エンパワメント，地域エンパワメントにつながると考えた。

3）実現への工夫

専門職の強みを活かした相談会に加え，利用者や職員の特技を活かしたサークル活動を実施することで，やりがいにつながり，継続的に取り組める。行事では地域住民が気軽に参加でき，協働して大きなイベントを展開することができる。

4）チーム名の由来

メンバーの共通話題として，自身の子どもがアンパンマンに興味を持っており，チーム名を決定する要因になった。また，夢と希望をみんなに与える存在として，アンパンマンとリンクするように法人を思い浮かべてもらいたいという思いから夢パンマンに決定した。

■3節 ●—● 当事者の思いを開花する共創：社会福祉法人における活用を一例として

1．夢の花ワークショップ実施の背景

社会福祉法人は，社会福祉事業を行うことを主たる目的として，「社会福祉法」に基づき設立される法人である。民間事業者ではあるものの，社会福祉法人制度設立時の背景や歴史的諸制約から，行政サービスの受託者として公的性格の強い法人となり，市場原理で活動する一般的な民間事業者とは異なる原理原則のもとに発展してきた。

昨今の社会情勢や地域社会の変化，社会福祉制度の変化，公益法人制度の変化などもあり，特に2011年以降，社会福祉法人に対して厳しい意見が相次いでいる。その主なものは，以下の通りである。

- 地域ニーズへの不十分な対応
- 財務状況の不透明さ
- ガバナンスの欠如
- 内部留保
- 他の経営主体との公平性

しかし，反面，混沌とした社会情勢の中で，社会福祉制度の狭間のニーズ，市場原

理では必ずしも確保できないニーズについて，組織的かつ継続的に取り組む主体が必要とされており，それこそ現代の社会福祉法人に求められる役割である。

そこで，法人に求められる役割を担うべく，法人の未来を見据えて実施した「夢の花ワークショップ」展開のコツについて論じたい。

2．展開方法

(1) 背景と目的

当法人は，障がい児・者福祉，高齢者福祉，児童福祉，司法福祉の各分野で，500名を超える職員が入所，通所，地域支援サービスを展開している。加えて，直接的なサービス利用者ではない住民や地域を対象に，さまざまな地域貢献活動（地域住民と協働しての清掃活動や地域の花壇での植栽活動，移動献血等）を行っている。また，東日本大震災で甚大な被害を受けた地域の人びとに対し，募金活動や物資・食糧支援，専門職の派遣や人材育成のための奨学金の供与など，被災から3年以上経過した現在も継続している。

このように，法人職員は，普段から目前のサービス利用者のみならず，「地域力向上」のための活動への意識は高い。しかし，今後法人に求められる役割を遂行するためには，現在の地域貢献活動をさらに発展させる仕組みづくりが必須である。

そこで，「人や組織が持っている力を最大限に発揮し元気になる」「絆を育みながら，みなでともに元気になる」「その仕組みを明らかにして社会に役立てる」ことを目的としたエンパワメント科学の技法を用いて，「当法人を世界一すばらしい法人にする」ことを目的に「夢の花ワークショップ」を実施した。

(2) 実施方法

2014年1月と6月のそれぞれ2日間，研修施設において合宿形式でワークショップを実施した。参加者は，法人の各施設と事業所において次世代を担う職員として施設や管理者から推薦された職員30名，ならびに法人が設置する社会福祉研究所（以下，研究所）のスタッフ3名の計33名である。

参加者の性別，年代，所属施設，役職，職種は表5-1のとおりである。できるだけ所属施設，職種が重ならないよう5グループに分け，計4日間，24時間に及ぶワークショップを実施した。

表5-1　参加者の属性（研究所スタッフを除く30名）

性別	男性19名　女性11名
年代	20代3名　30代24名　40代2名　50代1名
役職	あり14名　なし16名
職種	相談職10名　事務職3名　介護職12名　看護職1名　リハ職1名　保育職3名
所属	障がい福祉17名　高齢福祉9名　児童福祉3名　司法福祉1名

　まずはコーディネーターから以下のような前提と理念が提示された。これらを念頭に置いて，すべての議論を進めることとした。

1）前提
①現在および未来の利用者，地域住民，他機関を含む専門職のパワーを最大限に引き出すことのできる，かけがえのない存在の法人にする。
②みなさんはエンパワー・プロである。
③5年後までに実現する。

2）理念
　理念は，①エンパワメント，②インクルージョン，③イノベーションの3つである。

(3) 予測される効果
　「夢の花ワークショップ」実施にあたり，効果を以下の8つの指標で予測した。

1）共感性
　法人の5年後の夢に向けて，ワークショップを通じて，自分の考えを持ちながら，他メンバーにも同じように明確な考えがあることを認める。他メンバーの考えに思いをはせ，自らのことと置き換えて他メンバーの意向を理解することができる。

2）自己実現性
　ワークショップを通じて，メンバー一人ひとりが法人の5年後の夢の実現に向けて，自分の力を発揮できると感じられるようになる。

3）当事者性
　ワークショップで議論することにより，5年後の夢の実現のために自分の役割があることを確信し，それがどんなに小さな役割であっても全体に貢献できることを実感できるようになる。

4）参加性

ワークショップでメンバー同士が双方向の議論をすることにより，一人ひとりのメンバーが他メンバーに認識され，自分自身を意味づけることができるようになる。

5) 平等性

ワークショップでのメンバー同士の双方向の議論を通じ，合議により「夢の花」の内容やその具現化の方法について決定することで，平等であると感じ，意欲が湧くようになる。

6) 戦略の多様性

多様なメンバーでワークショップを構成することにより，夢の内容や資源，戦略などに多様性を発揮することができる。

7) 可塑性

多様なメンバーの組み合わせにより，5年後の夢の達成に向けて前向きに柔軟に形を変化させながら対応できるようになる。

8) 発展性

5年後の夢の実現に向けて，進むべき方向性や戦略がイメージできるようになることで，漠然とした不安感をぬぐい去り，メンバー個々に安定感がもたらされる。

3．成果を導くポイント

「夢の花ワークショップ」の成果は前節で概説した。ここではワークショップを通じて成果をあげるポイントを，エンパワメント7つのコツの枠組みに沿って整理する。

1) 目的を明確に

今回の「夢の花ワークショップ」は，「当法人を世界一すばらしい法人にする」を目的とした。すべてのメンバーが「現在および未来の利用者，地域住民，他機関を含む専門職のパワーを最大限に引き出すことのできる，かけがえのない存在の法人にする」という価値を，全プロセスを通じて共有できた。目的を明確にし，ぶれることなく一貫して取り組む環境をつくることが大切である。

2) 関係性を楽しむ

「夢の花」実現に向けて，「5年計画」として具体的なロードマップを作成した。この5年間のロードマップの中で，メンバー一人ひとりが具体的にどのようにかかわっていくのかを，主体的に議論することができた。目標の実現に向けたかかわりを楽しむことで，互いに刺激し合いながら成果を上げることができる。

3) 共感のネットワーク化

今回のワークショップでは，意図的に所属施設，職種が重ならないよう，5つのグループに分け，そのグループ編成は最後まで継続した。同じ法人内の職員でも所属施設や事業所を超えてかかわりを持つことはほとんどない。今回のワークショップでも，開始当初はピリッとした緊張感，すなわち刺激感を感じながらの取り組みであった。

しかし，合宿形式で多くの時間を過ごし，夜も同室で過ごしたこともあり，やはり同じ志を持つ者同士，すぐに打ち解け近親感を得ることができた。

適度な刺激感と近親感を意図的につくり出すことが有効である。

4) 心地よさの演出

昼間帯のワークショップでは，「討論」→「発表」→「討論」→「発表」を間延びせずリズムよく進行した。夜間帯のワークショップでは，食事しながら楽しく本音で語らう時間を設けるなど，緩急のリズムを使い分けながら進めた。意図的にリズムをつくることで，参加者が心地よく議論を進めることができる。

5) 柔軟な参加形態

昼間帯のワークショップでは「討論」→「発表」→「討論」→「発表」を繰り返したが，各グループの「発表」の後には必ず他グループの全メンバーから口頭ならびに書面（手書きのメモ）でのフィードバックが行われた。

そのことにより，各グループの「夢の花」に対し，他グループのメンバーも周辺メンバーとしてかかわり，そのフィードバックされた内容が「夢の花」に反映された。メンバーはあたかも，いくつものグループに参加しているような錯覚を覚えた。この柔軟な仕組みづくりが効果的である。

6) つねに発展に向かう

今回のワークショップは，5年後の法人の「夢の花」を咲かせることを目標に行われたが，成果を見ると，現在の法人の置かれている立場をメンバー一人ひとりが理解していることがわかる。すなわち，サービス利用者に対する支援にとどまらず，地域に貢献することが法人の発展形であるとメンバーは考えている。

時代背景を踏まえつつ，未来志向でより意味のある活動が展開できるよう見据える機会とする。

7) 評価の視点

今回のワークショップは4日間にわたり実施されたが，前半の2日間と後半の2日

間の間は約4か月間空いている。

　その間も参加メンバーは課題の提出等のために自主的に集っているが，この間で自分たちのグループが咲かせた夢の花について，冷静に客観的に振り返りが行えたことで，満足感を得たり，次への見通しを持つことができた。

　またこの空白期間には，それぞれの参加メンバーの所属施設や機関で，「夢の花」のプレゼンテーションを行い，参加メンバー以外の職員からの評価を得ている。そのことにより，「夢の花」を描き具現化することの価値を見いだし，これからの法人のかかわりへの動機づけとなった。内部および外部の評価の視点は，推進に必須である。

4．夢の花ワークショップとエンパワメント

　本章では「夢の花ワークショップ」について，その展開方法や成果について論じてきた。そして，展開方法や成果について論じるにあたり，エンパワメントの8つの効果や7つのコツを枠組みで考察した。

　今回の「夢の花ワークショップ」に企画段階からかかわり，連絡調整窓口として準備にも携わってきたが，その過程では「『夢の花』を描くというワークショップを行うことで，エンパワメント科学について学ぶ」ことを想定していた。

　しかし今，こうして振り返ってみると，「エンパワメント科学について学んだ」のではなく「エンパワーされた」のだということが，よく理解できる。

　今回のワークショップには，法人の各施設と事業所において，次世代を担う職員として施設長や管理者から推薦を受けた30名の職員が集まった。

　そして，この30名の職員が「当法人を世界一すばらしい法人にする」という壮大な夢を描き，それを実現するための5年間のロードマップを作成した。一見すると大きすぎて，実現不可能と思われるような内容にもなっている。しかし，参加者個人が，そして法人という組織がエンパワーされた今，決して実現不可能だとは，参加者のだれひとり感じていないであろう。

事例1　チーム「五輪ジャー」

● エンパワメント支援設計図

④影響要因
- ＊キャリア段位制度導入により、最近になり、福祉職（特に介護職）の将来像、スキルアップが見られるようになってきた。
- ・法人における外部への情報発信や、地域とのコラボレーションは最近の活動である。
- ・必要性がないと地域住民が福祉に関わる機会があまりない。
- ・大型施設よりも小規模施設の方が利用者の個別化がしやすい環境である。
- ・福祉のイメージは報道によるものが一般の人の福祉のイメージ（良くも悪くも）になりがちである。

②現状
【望ましい傾向】
(地域)
- ＊リタイヤした専門職がいる。
- ＊働く意欲のある高齢者や障がい者がいる。
- ＊活用できる土地がある。

(法人)
- ＊法人設立から40年という実績がある。
- ＊地域住民との定期的な交流がある。
- ＊学生との関わり、企業との繋がりがある。
- ＊作業を行うことが出来る利用者がいる。
- ＊農作物を作り販売している。
- ＊2市にまたがり展開しており、様々な専門分野の職員がいる。
- ＊研修制度や奨学金制度、託児所等の職員のバックアップ体制が充実している。
- ・地域に向けた活動を行っている。
- ＊障がい者雇用、高齢者雇用の実績がある。

【望ましい傾向】
(地域)
- ・高齢者、障がい者、低所得者の就労先が十分でない。
- ・触法者の定住や就労が難しい。

(法人)
- ・外部への情報発信が十分でない。
- ・就職希望者が減少傾向にある。
- ・専門職が専門性を十分発揮できるか。
- ・十分な職員数を配置しないと、希望時に有給休暇がとりにくい。
- ・変則勤務であり、健康管理に不安がある。
- ・利用者が食事を選択できる機会や外出する機会が少ない。

①目標
【大目標】
- ・地域を単位とした「五輪ジャーモデル（※）」を展開することにより、地域住民一人一人が生きる活力をもつことで地域が元気になる。
- ・高齢になっても障がいをもっても自己実現できる地域となり、住み続けたいと思う住民が増える。
- ・「五輪ジャーモデル」を世界に発信し、世界中が幸せになる。

※相互に作用する5つの輪（柱）に象徴されるカテゴリー毎に、地産地消をベースとしたアプローチを行い地域のもつ力を引き出すプログラム。

【中目標】
法人（ぬくもりプロジェクト）が「五輪ジャーモデル」を確立する。
「五輪ジャーモデル」の中核を成す、レストランを経営する。
五輪（柱）：地域、教育、食、利用者、職員

【小目標】
ⅰ）高齢者や障がい者が自分の能力を発揮できる。
ⅱ）生き難さの原因が貧困である人がいなくなる。
ⅲ）福祉の心を受け継ぐ次世代を育成する。
ⅳ）人的、物的資源をフル活用する。
「人にも地球にもやさしい法人」の拡大。
ⅴ）企業、団体とのコラボレーションにより、お互いがパワーアップする。（winwin）
ⅵ）法人の利用者の幸福度をアップする。
ⅶ）職員が専門性を発揮し、元気に働く。

⑤支援方法
『地産地消レストラン　ひだまり。』の開店。
【地域】
- ・リタイヤした専門職を講師として雇用する。
- ・空き地を活用し、レストラン、社宅を建設する。また、農作物を作る。
- ・地域の企業等とのコラボレーションにて、地産地消を展開し、レストランで提供する物の品質を向上させる。また普段福祉と関わりのない住民にも広告、アンケートを実施する。
- ・出資を募る。
- ・社宅を安価にて賃貸する。

【教育】
- ・学び舎（福祉、接客、農業）を創設する。
- ・若年層をはじめとし、高齢者、障がい者（特別支援学校含む）、低所得者の教育の場とし、法人（レストラン含む）での就業に繋ぐ。
- ・資格取得のバックアップを行う。

【食】
- ・レストランで提供する物は、極力地産地消とする。
- ・真空調理を活用し、豊富なメニュー（治療食含む）を提供する。

【利用者】
- ・就労（レストラン、農業、物品作成）支援を行う。
- ・利用者割引制度を導入し、レストランでの外食の機会を設ける。

【職員】
- ・教育制度による職員数の増加にて、希望時の有給休暇取得を可能にする。
- ・レストランでの社員割引制度を導入し、バランスのとれた食事にて健康に繋げる。
- ・学び舎で講師を行うことでスキルアップに繋げ、活躍の幅を広げる。
- ◎5つの輪（柱）が関連し五輪ジャーモデルが完成する。

③背景
- ・日本の景気が不安定である。
- ・少子化であり、高齢化率が高い。
- ＊元気な高齢者が多い。
- ・社会福祉事業は概ね収入の上限が決まっている。
- ・貧困の連鎖。
- ＊中間的就労、司法福祉が注目されている。
- ・社会福祉法人の社会貢献が求められている。

⑥根拠
- ・地域資源の調査
- ・住民、利用者、職員アンケート
- ・生活困窮者自立支援法
- ・障害者雇用促進法
- ・キャリア段位制度

＊は強み

● 5年計画プラン

5年後	・外部に向けてレストラン営業開始。 ・レストランでの利用者の就労開始。 ・キャラクターグッズの販売。 ・利用者割引制度の導入。 ・社員の海外研修旅行。
4年後	・学び舎の卒業生を施設・食堂で受け入れる。 ・メニューや独自キャラクター決定。看板メニューの決定。 ・社食、利用者レストラン開始。社割制度の導入。 ・アンケートを行い、施設・設備面の不具合など確認。メニュー、サービス面の改善を随時行う。 ・利用者の職業訓練開始。 ・法人や地元農家が栽培した野菜、真空調理した料理、利用者が作成した作品の販売。 ・地域に向けた広報を行う（レストラン、求人、学び舎入学生募集）。
3年後	・食堂建設。 ・食堂運営に必要な資格取得や手続きを行う。 ・栄養系職種にてメニュー作成・検討会を行う（看板メニュー含め）。 ・職員に食堂や学び舎について周知し、メニューや独自キャラクターについてなど希望アンケートを行う。 ・現在作成している農作物の質を上げるため（農業に関する知識や技術を向上するため）に、外部委託し指導を受ける。 ・低所得者や住まいに困っている方（必要な教育を終了した方）に法人を中心として職場斡旋する。 ・職員の有給取得率アップ。
2年後	・学び舎を建設し、まずは現地の高校生を含め募集をかける。ネットや広告などを使用し、外部アピールする。 ・食堂の設計（内装・外装・看板・独自キャラ等）を行う（バリアフリーなものにする）。 ・低所得者や住まいに困っている方（就業に関して必要な教育が無い方、または、望まなかった方）に法人を中心として職場斡旋する。ハローワークともコラボレーションする。 ・特別支援学校に案内を出す。 ・空き家（社員寮）、空き農地を借用もしくは買い上げ、法人所有の農地を広げる。 ・レストランで使用する箸やペーパーナプキンを法人内にて作成する。また、レストランで使用する物品等、刑務所に作業委託している業者に発注を依頼する。
1年後	・ぬくもりプロジェクト立ち上げ。 ・食堂を開店させるために必要な土地の選定・確保。 ・学び舎を作るための場所を選定・確保。 ・栄養・調理や接遇・福祉系に関する教員を募集する（地域のリタイヤした専門職、運転手含む。シルバー人材センターにも案内を出す）。 ・人材確保のために、低所得者や住まいに困っている方を調査し、適性能力判断を行う。その後適性ならば、資金援助を行い、必要な教育（高校卒業資格等）を行う。 ・ハローワークに案内を出す。 ・銀行と土地や建物に関する資金繰りについて相談、融資を取り付ける。 ・地域行事へ参加し、地域住民とのパイプを作る。また、そこで必要とされている資源の調査を行う。

● ポスター

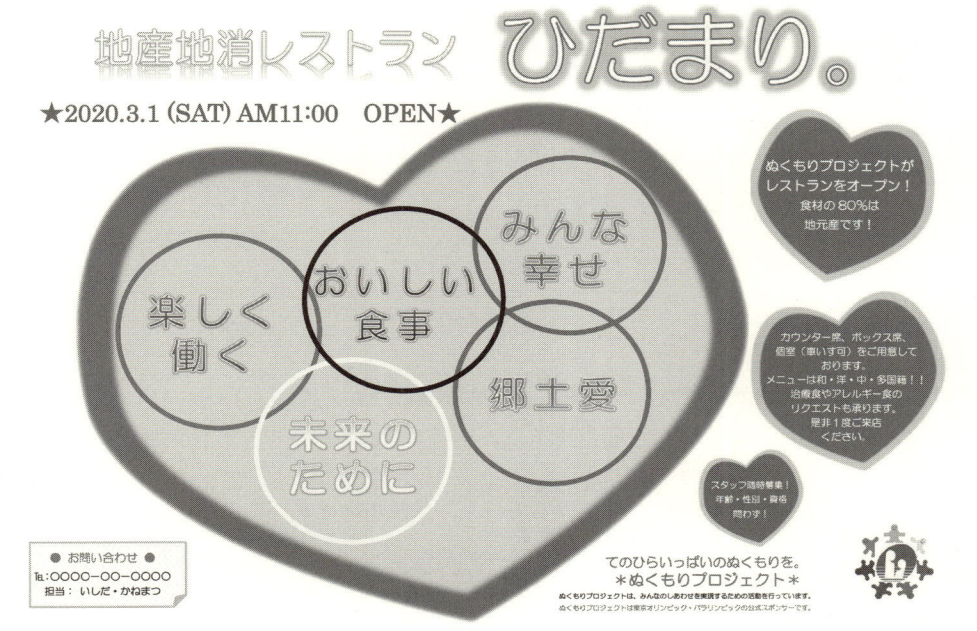

地産地消レストラン ひだまり。

★2020.3.1(SAT) AM11:00 OPEN★

楽しく働く　おいしい食事　みんな幸せ　郷土愛　未来のために

ぬくもりプロジェクトがレストランをオープン！食材の80％は地元産です！

カウンター席、ボックス席、個室（車いす可）をご用意しております。メニューは和・洋・中・多国籍！！治療食やアレルギー食のリクエストも承ります。是非1食ご来店ください。

スタッフ随時募集！年齢・性別・身分問わず！

● お問い合わせ
Tel：0000-00-0000
担当：いしだ・かねまつ

てのひらいっぱいのぬくもりを。
＊ぬくもりプロジェクト＊
ぬくもりプロジェクトは、みんなのしあわせを実現するための活動を行っています。
ぬくもりプロジェクトは東京オリンピック・パラリンピックの公式スポンサーです。

事例2　チーム「タートル」

● エンパワメント支援設計図

支援の概要
【地元に愛されるスポーツチームで町おこし】
地域に活力あふれるための楽しみの提供から住民の結束力を深める。住民が中心となり笑顔の挨拶が出来る街。
サッカーチームの活躍とともに地域の結束を図る。

職員構成
活動計画実行委員会
活動部署（チーム・経営・雇用等）
ボランティア団体及びサポーター
地域会社職員・教育機関・市役所・住民

innovation 活動及びブランドの目指す方向として
【活力や活気あふれる地域にすることのできる特別な魔法を知っている（かけられる）ような存在）。活動の中心に私たちが存在しているのではなく、住民（そこにいる人たち）の安心・安全・楽しみが中心でその目的に向かう仕掛け人であること。地域に根づくただ1本の木ではなく、地域の中にある森の中の1本の木であること。鮮やかな緑の森は1本1本の木から出来上がる。

---

④影響要因
・共同実施のため結束力を強める⇒止められない。
・働く場の拡大により就労の種類が増える。
・誰かのために働くことが出来る環境。
・公園等はすべての人が利用可能。
・緊急避難場所として活動が出来る準備物や場所もある。
・夢を叶える実現プログラムにより，貢献実感を感じる。
・人間関係（教育の必要性）

②現状
◎期待できる効果
・スポーツを通して，子どもからお年寄りすべての健康管理の増進に繋がる。
・住民が繋がりを持つことで子どもの教育・安全・人との付き合い等を学ぶことが出来る場所が増える。
・定年後の就職率が増えることで，若い人たちが先人の知恵を教えてもらう機会が増える。
・ステップアップする。新たな目標ができる。
・雇用の拡大から街の活性化につながる。
◎起こりうる問題
・すべての住民が対象であるが，地域の中には不利益となる場所・地域が出てきてしまう。
・多文化共生の壁。
・交通機関の整理（障がい者の通勤等も含む）。
・高齢化による次世代への継承。
◎その他可能性
・資金問題。
・雇用管理及び人材教育。

①目標
【大目標】最終形態として社会福祉法人又は専門職がいなくても地域の住民等により解決することができるような，安心して充実した生活が送れるような街にしたい。専門職の売りとして技術や知識を生かし，適時に，より一層優れた目標や夢，生活の安心を確保出来る環境作り。

【小目標】欲求を満たす活動。同じ目標を共有して実現していく共創力をフルに発揮させるような活動の仕掛け作りをしていく。

【活動目標】スポーツチームを作り，地域住民が支えていく（ともに育つ）取り組み。一人一人が地域に貢献していると感じられる活動参加型の企画。

【可能性及び狙い】地域住民が参加することで，どんな人がいるのか等知ることが出来る。また，情報も入る。

【その他目標】新しい形（現代のやり方）でのご近所付き合いの行い方の構築。時代の中で変化していくが，その時にあった付き合い方。何かをともに目指すことで，自然にネットワーク（ご近所付き合い）作りができ，就労だけではない協力体制が作れる。助け合いの心が生まれる。

---

⑤支援方法
◎法人だけではない活動計画
　地域住民の雇用の拡大。
　地域資源の活用。
　産学官が共同し住民中心の活動計画。
　スポンサーの賛同。
◎目標や結果の明確化及び周知
　各事業の集計システムや表彰及び功績評価。
　個人の技術知識等の報告システム。

◎サッカーチームの強化
◎営業手法の構築（人の育成）
◎部分的支援に専門職の必要性
◎情報交換及び情報共有
◎共通の目標
　人材確保と人材育成（人財は最高の財産という認識）
◎個人の技術や知識の向上

③背景
活動の中心は住民であるのか。
ご近所付き合いが希薄になった現在。
住民は活動的なのか？　自分が住民の立場だとどうなのか？
・古き良き日本のご近所付き合いが希薄化している中，この地域の現状についても問題が発生している。
・高齢化している。
・役場や会社，学校等横のつながり単体化。
・立地背景（地域の特性）。
・災害が少ないことを生かす。

⑥根拠
・サッカーチームの成績
・クレーム等のご意見
・癒しの場（公園）等の整備による利用
・定年後の就職の場の提供
・障がい者の活動（就労や娯楽等）の拡大
・子どもに関する施設の充実（保育所や託児所，病児保育や24時間保育等）から母親の就労の増加
・知名度アップによる観光客アップ
・都内からの移動距離等の立地条件

＊は強み

● 5年計画プラン

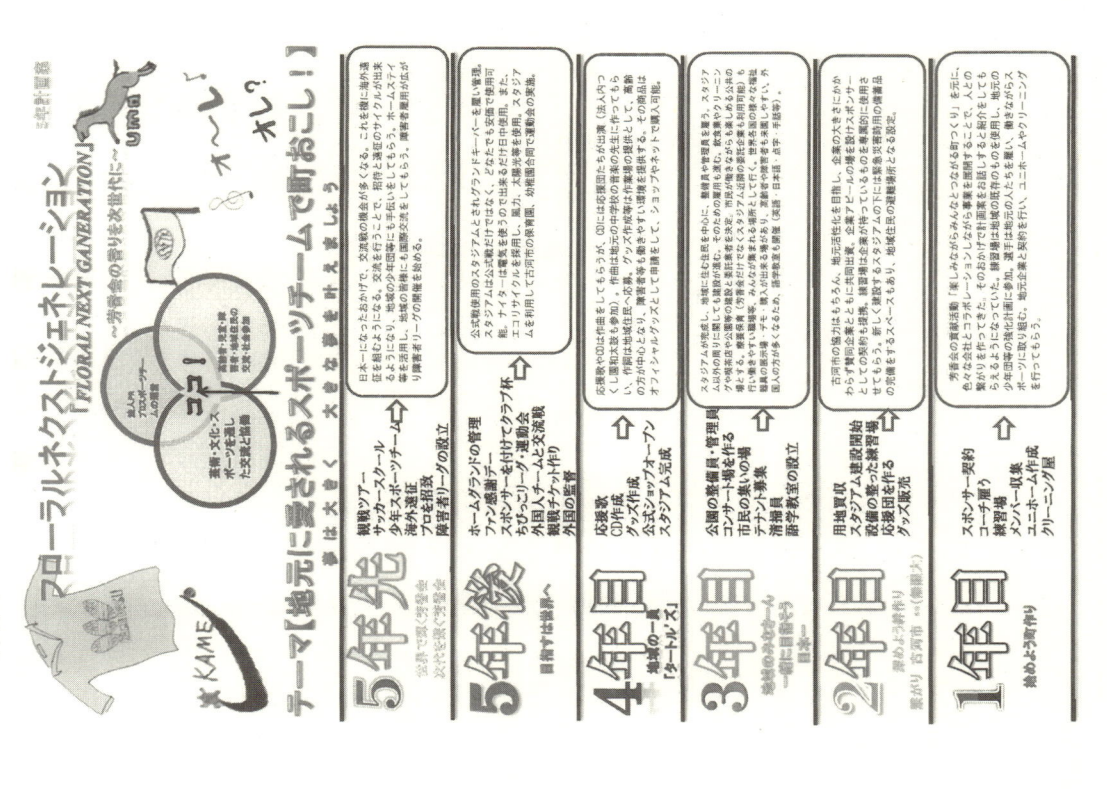

● ポスター

事例3　チーム「蕾」

● エンパワメント支援設計図

④影響要因
- あらゆる世代が同じ敷地内で楽しむことができて、障がい者が安心して過ごせる公園等の広い場所が少ない。
- 身近な存在で気軽に立ち寄れる相談所が少ない。
- 低所得者に対して安心で美味しい食事ができる場所が少ない。
- 生活困窮者や障がい者の就職先が少ない。
- 地場産業PRの機会が少ない。
- 社会福祉に関して住民の認知が乏しい。
- 重度障がい者が安心して楽しめる娯楽施設が少ない。
- 住宅がバリアフリーではないため施設入所者が安心して外泊することが困難。
- *法人各事業所が定期的に地域と交流をしている。

②現状
【改善すべき点】
- 地域住民を含める全ての人が安全で楽しめる機会がない。
- 地域住民同士の希薄な関係性。
- 生活困窮者,障がい者への支援不足。
- 地域住民が新規事業に積極的でなく閉塞感がある。
- 施設入所者と住民との精神的距離。
- 地域知名度の低さ。

【望ましい傾向】
- *法人の各施設にて構築してきた地域住民や企業との関係性があり、データを保持している。
- *法人を含む地域に専門職がいる。
- *人材が豊富（施設利用者,職員等）
- *地域に長年培った法人の知名度がある。

①目標
【大目標】世界中すべての方に手を差し伸べることができる地域となる。
（地域の秘めた大きな力『蕾』を開花させる）

【中目標】地域住民が中心となり情報発信や企画・運営していく体制を築く。

【小目標】
○法人が起点となり、地域協同で地域発信の場づくりを実現させる。
- 老若男女・障がいの有無にかかわらず、全世代を通じた楽しみがあり、安全な世代間交流の場を提供する。
- 地域住民が自信や生きがいを持ち、誇りを高められるよう、存分に力を発揮することができる仕組みを作る。
- 地域の知名度を向上させる。

⑤支援方法
【準備段階】
- 総合公園『Everybody happy公園』プロジェクト委員会を発足し、住民・行政・共同企業と協議する。定期的に地域会議を開催し、ニーズ把握並びに計画の調整を図る。
- 寄付金（出費）を募る。
- 専門職のスキルアップ、上級資格取得の推進、増員を図る。
- 施設利用者に対して職業訓練を実施する。

【開園後】
- 環境整備や運転業務には生活困窮者や障がい者を積極的に雇用していく。
- 地場産業からの食材を豊富に活用した安価で提供できる食堂を運営。
- ユニバーサルデザインで足湯付きの宿泊施設を運営。研修会場を設けて教育、情報発信の場としても活用していく。
- 園内の相談所には専門職を配置。
- 重度障がい者が安心して楽しめる娯楽施設としてプラネタリウムを運営。
- 希少価値の高い動物やマスメディアを活用することで地域のPRやより多くの方が交流できる場へと発展させる。

③背景
- 地域住民の少子高齢化並びに過疎化。
- 日中独居高齢者世帯が増加。
- 自然が多く、活用資源が豊富。
- 交通機関が少ない。

⑥根拠
- 都市公園法
- 専門社会福祉士認定制度
- 生活困窮者自立支援法
- 障害者雇用促進法
- 地域意見目安箱、経過観察ツール活用

＊は強み

●5年計画プラン

[エヴリバディハッピー]5年計画

[テーマ]
[だれもの Everybody のしあわせ Happy のために] [場づくり] [教育] [地域づくり] [困っている人] [利用者] の5つの協議 [交通関係、建設業、自治体、農業、行政等] [協同] [社会参加] を追究し地域のエンパワメントくっくな総合公園を建設することで、身体の精神的状況、経済状況等にかかわらずすべての人びとが対象] [あったらいいな] [こどもたちの人種、性別、年齢、身体の精神的状の領域における [あったらいいな] にひとつながる。

1年目
エヴリバディハッピー公園プロジェクト委員会発足
地元協賛企業との話し合い：ニーズ把握
用地について検討　申請
定期的に地域会議を開催して建設計画の検討を図っていく
寄付金の募金活動開始
専門職のスキルアップ（地域住民からの相談を想定したものに焦点を当てる）
専門職の増員を図る

2年目
建設認可おり工事着工
定期的に地域会議を開催して地域のニーズ把握をしていく
専門職の上級資格取得を推進していく

3年目
人員的に公園内各施設に配置される職員の求人を開始する
地域住民、生活困窮者を積極的に雇用する
利用者にも就労参加を目標に訓練を開始していく
定期的に地域会議を開催して地域のニーズ把握をしていく
専門職による地域等の外部関係活動を積極的に実践してスキルアップを目指す

4年目
定期的に地域会議を開催して地域のニーズ把握をしていく
希少価値の高い動物を本格的に飼育開始すると同時に積極的な広報活動を開始
マスメディアに取り上げられ、世界からも注目される
利用者の職業訓練（就労支援）を含めて積極的に求人活動を広げる

5年目
公園完成：オープニングセレモニーでは地域の福祉施設団体によるジャンルを問わないパフォーマンスコンテストを開催
24時間テレビで福祉の情報発信を拡大していく
[地域] [社会福祉] [法人] の情報発信を拡大していく
定期的に地域会議を開催して地域や社会のニーズ把握をしていき運営改善を図っていく。

チーム 「蕾（つぼみ）」

●ポスター

2019年1月17日　オープン

エヴリバディ ハッピー パーク

すべての人が安全に楽しめる公園が実現

困った時の駆け込み寺！
福祉なんでも相談所
福祉のスペシャリストがあなたの困りごとの相談にお応えします。認定社会福祉士もいます。もちろん無料です。

安いしうまい！
はっぴーレストラン
安価で安心、地場産品を贅沢に使い、新鮮で栄養満点なお食事をどうぞ。タイムサービスもやっています。

宿泊O.K！
研修O.K！
温泉もあるよ。
だれでも安心、安い料金で泊まれるユニバーサルデザイン。日帰り入浴や研修会場としての利用もできます。

プラネタリウム
世界が注目！？
ユニバーサルデザインですので、車いすでも安心してお楽しみいただけます。

謎の動物現る!!

たのしい遊び場がいっぱい
送迎バスもでているよ

避難場所　緊急・災害時避難指定場所

お問い合わせ：法人事務局

事例4　チーム「胡蝶蘭」

● エンパワメント支援設計図

④影響要因

○【庭作り】を通して、多くの人たちとの繋がり・ネットワークが出来る。その中で役割を持つことが出来る。また、癒しの場として、多くの人が集まれる場所になる。

○【ブランド野菜】を作りカフェでの販売を行い、地産地消を推進することが出来る。

○【カフェ】で障がい者・高齢者を雇用し、就労に結びつけることで、働く意欲が向上し、社会への貢献につながる。

○【アニマルセラピー】を支援の一つとして活用し、疾病における行動の変容をもたらすことが期待出来る。

②現状

○望ましい傾向
＊法人内の敷地がある。
＊養護老人ホームや知的障害者施設の農作業を行っている。
＊保育園にてアニマルセラピーを行っている。
＊地域の方との協力や介助員との連携により、里山作りを行った。
＊障がい者・高齢者雇用に実績がある。

○改善すべき傾向
＊地域と縁遠くなっている方々へ地域との接点を作る
＊法人が地域に認知されていない為、周知方法の工夫が必要。

①目標

【大目標】誰もが訪れることが出来る法人となる。

【中目標】誰もが訪れることが出来る"庭園"を造る

【小目標】
・屋上にも庭園を設置し、屋上からの景色を堪能出来る。
・法人のブランド野菜や里山においてしいたけ栽培を行う。それを庭園のカフェメニューに活かす。
・カフェや野菜栽培では、障がい者や高齢者を雇用する。
・ドッグランを設置し、アニマルセラピー効果にて癒しを感じられる場を作る。
・法人の広報として、『アプリ』、『ゆるキャラ』を活用し、多くの方々へガーデンを周知する。

⑤支援方法

【1年目】資源の洗い出しと選定、目標に向けて必要な資源との連携や協力体制を作る。目標への認識を共有し、5年後へ向けて実施計画を立案する。

【2年目】部門別（庭園作り、ブランド野菜、カフェ、ドッグラン、広報［ゆるキャラ、アプリ］）それぞれで、地域の資源をふまえたチームを形成し、実施に向けて情報収集・計画立案し、場所を確保し、実行にうつす。

【3～4年目】［庭園作り］では、必要な資源・人材・材料を収集し、製作を開始する。［ブランド野菜］では、野菜の選定から栽培を開始し、試行錯誤しブランド品を作り上げていく。また、高齢者・障がい者の力を活用する。［カフェ］では、確保した場所で建設を開始、メニューを管理栄養士が中心となり作成。実際に、料理を作り試行錯誤しながら準備する。［ドッグラン］では、動物の選定やアニマルセラピーの効果の説明と実践を行い準備する。［広報］では、ゆるキャラを作り、色々なイベントでお披露目して認知を上げる。アプリを製作、運用を開始し、法人HP等へ気軽にアクセス出来るように準備する。

【5年目】それぞれの部門で試行的に開始し、修正を図る。カフェでは、就労出来る障がい者等を募集。

③背景

○各事業所が事業所毎の対象利用者支援が前提となっており、本来、社会福祉法人として、地域を含めた事業展開が求められている。

○実践を通した地域とのつながりがある。

○法人内の各事業所に職員がもっているノウハウがある。

○法人内の多様な専門職の知識・技術を活かすことが出来る。

⑥根拠

○対象者へのインタビュー
○アンケート調査
○法人を訪れる人たちの数
（利用者数・就労希望数・相談件数）

＊は強み

●ポスター

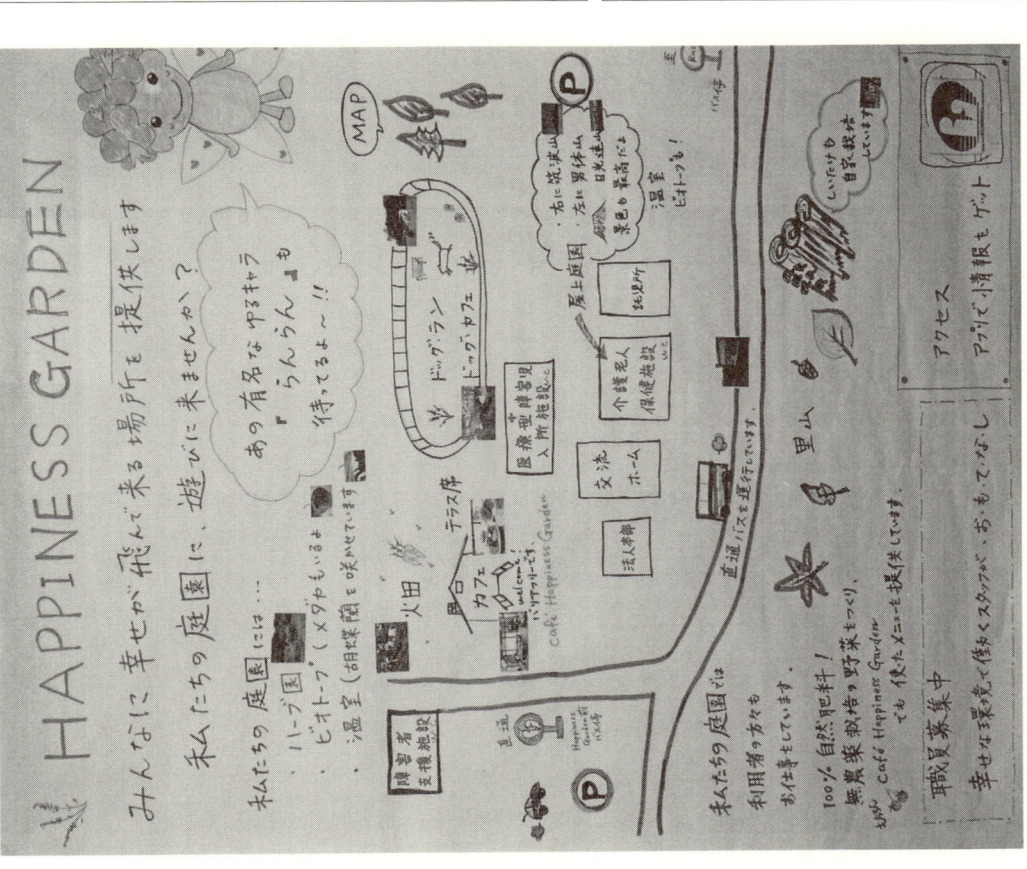

HAPPINESS GARDEN（ポスター画像）

●5年計画プラン

時間軸	[全体]	[カフェ]	[農業]
1年目	コンセプト 資金計画 アプリ制作	コンセプト 資金計画	コンセプト ブランド野菜（芳れんそう） 資金計画
2年目		融資先選択	畑作り
3年目	コンシェルジュ募集 （広報誌・チラシ） 趣旨説明・指導 緊急時避難場所整備 倉庫（非常食）整備	設計者・施工会社選び メニュー決定 各備品調達 保健所へ営業許可申請 スタッフ募集	栽培 出荷
4年目	[プレオープン] アンバサダー募集 （広報誌・チラシ）	[プレオープン]	収穫
5年目		[オープン]	[プレオープン]

時間軸	[ゆるキャラ]	[庭園]	[ドッグラン]	[里山]
1年目	コンセプト 資金計画 デザイナー公募	コンセプト 庭師の協力 資金計画	コンセプト 資金計画	コンセプト 里山を守る会の協力
2年目	デザイン決定 キャラ設定	着工 栽培・飼育	設計者・施工会社選び 融資先選択	資金計画 シイタケ栽培
3年目	着ぐるみ・シール の発注 中の人募集、演技 指導・デビュー	管理	着工 管理	カブトムシ飼育 バリアフリー遊歩道 整備
4年目				
5年目				

事例5　チーム「夢パンマン」

● エンパワメント支援設計図

支援の概要
サークル活動や大きなイベント・行事を通じて、法人を身近な存在であることを意識してもらう。そこから年代や障害の有無にかかわらず、生きがいや仲間を作れる場所を提供していく。

④影響要因
- 誰もが気軽に集うことが出来る環境をを整えることで、全ての年代や障害の有無にかかわらず、生きがいを持ったり仲間を作ることが出来る。
- 地域の方だけでなく、利用者や職員の個性や能力を活かしたイベントや行事を実施することで、個人のエンパワメントが高まり、自然と地域のエンパワメントに繋げることが出来る。

②現状
【望ましい傾向】
- ＊福祉・子育て相談会を実施している。
- ＊地域貢献活動を実施している（里山リサイクル、植栽活動等）。
- ＊法人内での農産物や花などの販売を行っている。
- ＊災害時の避難場所、物資提供。

【改善すべき傾向】
- 法人が地域に認知されていない為、周知方法を工夫する。
- 子ども、高齢者、障がい者、地域住民が交流する機会が少ない。

【気になる傾向】
- 利便性が悪い。

①目標
【大目標】
- 法人が設立したテーマパーク、コミュニティーセンターにより地域住民や利用者、職員が個性や能力を生かした場所の提供。
- その中でのイベントや相談会などで気軽に繋がりを持つことで地域全体に法人を浸透させていく。
- 日々の生活を淡々と過ごすのではなく、地域全体が目標や夢を持たせることとの手助けを法人が担っていく。

【中目標】
- 利用者、職員の特技を地域に還元する。
- 地域住民、利用者、職員が繋がりを持つ。

【小目標】
- 利用者、職員の個性や強みを知る。
- 研修への参加、自己学習。

【活動目標】
- サークル活動等から法人主催による大きなイベントや行事を継続的に取り組む。その中から地域との繋がりが生まれ、法人を知ってもらい、地域に根ざした法人を目指していく。

⑤支援方法
【1年目】
- 職員の個性や強みを生かした法人内サークル活動を結成し、地域住民が参加出来る取り組みをすることで、法人を知って頂くのと同時に地域住民のニーズを把握（仲間作り）。
- 上記同様、高齢者・障がい者の強みや趣味を生かしたサークルを立ち上げ、地域住民も参加出来る取り組みをする。

【3年目】
- サークル活動や各専門職相談会から、小イベントを企画（料理教室、生け花、書道、太鼓等）し、より多くの地域住民に法人の理解、地域住民のニーズの把握に努める。
- 5年後のテーマパーク、コミュニティーセンターの設立に向けた、スポンサー募集

【5年後】
- 皆が集える場所として、テーマパークやコミュニティーセンターが設立され、随時イベントや相談会を開催する。人が人を呼び、各部門で対応出来る法人を実現する。
- 上記には、障がい者や高齢者が働ける環境も同時に生み出す。

③背景
- ＊利用者、職員の持っている個性や能力がある。
- ＊法人内の専門職の知識技術を活かすことが出来る。
- 社会福祉法人として社会貢献が求められている。
- 地域との繋がりが希薄になっている。

⑥根拠
- 対象者（子ども、高齢者、障がい者、御家族）への聞き取り調査。
- 地域住民へのアンケート調査。

＊は強み

● 5年計画プラン

項目	情報発信	イベント	地域交流・地域貢献	利用者	職員
5年後	・CM作成 ・ゆるキャラPR	・スポーツ大会 （ハイハイ競争，車椅子競争，ママさんバレー，野球等） ・コンテスト （料理，生け花，書道，絵画） ・温泉（無料開放） ・フラワーパーク	・子どもから高齢者，障がい者が集まれる場所 ・コミュニティーセンター設立 （料理教室，健康チェック，福祉介護相談） ・無農薬野菜，花 出店 （利用者・地域住民で運営）	・利用者の生きがい，やりがい ・地域で暮らす ・CM出演 ・各イベント参加	・各専門職を最大限発揮 ・CM出演 ・各イベント参加
3年後	・各団体へ（小中学校等） ・PC動画作成 ・ゆるキャラ誕生 ・スポンサー募集	・運動公園，温泉施設建設 ・少年団結成	・料理教室 ・健康チェック ・福祉介護，子育て相談 ・避難場所，物資提供 ・各イベントスポンサー募集 ・里山解放	・利用者の特技を地域に還元，参加 （料理教室，生け花，書道，太鼓） ・地域イベント企画 （職員と地域とともに）	・地域イベント企画 （利用者と地域とともに） ・CM企画
1年後	・広めるプロジェクト発足 ・体操，歌詞（メロディー）作成 ・施設見学 ・ゆるキャラデザイン募集	・サークル立ち上げ ・リサーチ（アンケート等）	・現活動（クリーン・グリーン作戦等）の継続 ・個別訪問（地域を知る）	・サークル参加 ・利用者の強みを知る	・サークル参加 ・研修，自己学習 ・職員の個性を活かす

● ポスター

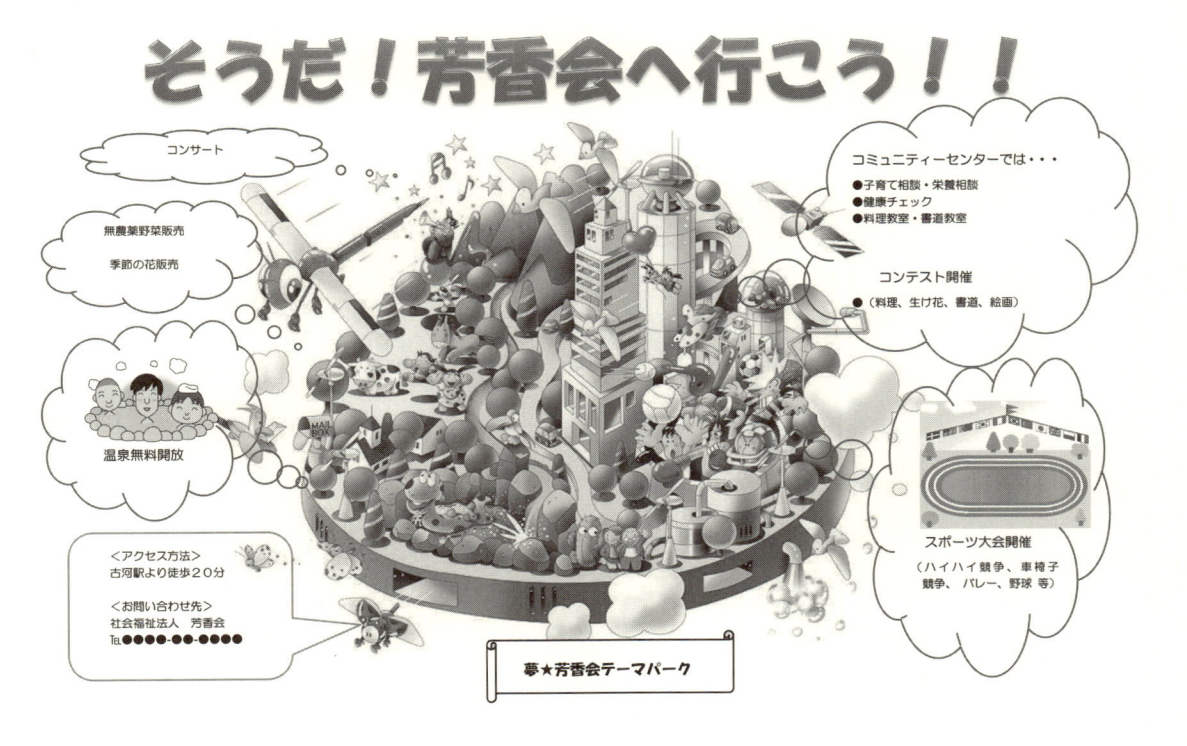

そうだ！芳香会へ行こう！！

コンサート

無農薬野菜販売
季節の花販売

温泉無料開放

＜アクセス方法＞
古河駅より徒歩20分
＜お問い合わせ先＞
社会福祉法人 芳香会
Tel ●●●●-●●-●●●●

夢★芳香会テーマパーク

コミュニティーセンターでは・・・
● 子育て相談・栄養相談
● 健康チェック
● 料理教室・書道教室

コンテスト開催
●（料理、生け花、書道、絵画）

スポーツ大会開催
（ハイハイ競争、車椅子競争、バレー、野球 等）

第6章
共感をつむぐ
──当事者主体のしかけづくり

■ 1節 ●──● 子どもを支える共感の場づくり

1．支援概要

　地縁や血縁によるつながりが弱まる中，地域において子どもと子育てを支える場が，これまで以上に強く求められている。子どもも大人も夢を持ち，未来に向け力を発揮するためには，地域の人びととさまざまな体験を共有する仕組みづくりが必須である。本節では，子育ち子育て支援機関としての保育園が，子どもと保護者，地域の人びととともにつくりあげた子どもを支える共感の場づくりを紹介する。

2．エンパワメント支援設計

　地域の人びととともに子どもの育ちを支える仕組みづくりを目的に，エンパワメント支援設計を作成した。　→　事例6 （p.80）エンパワメント支援設計図参照

3．エンパワメントの効果

(1) 共感性

　子どもはさまざまな人びとと接することで，その人の思いや生活を直に感じることができ，共感する力がつく。

1) 地域を巻き込んだ他施設との交流

　子どもたちが高齢者施設や障がい者施設を訪問し，交流して生活の様子を知る。施設利用者を招待した盲導犬との触れ合いや観劇会を開催し，一緒に楽しむ。

近隣保育園の子どもを誘ってリサイクル活動の見学を行い，障がい者に対する意識や共感を深める。障がい者施設と連携して作った「液肥」を地域に配布し，地域住民がリサイクル・エコに関心を持つように働きかける。

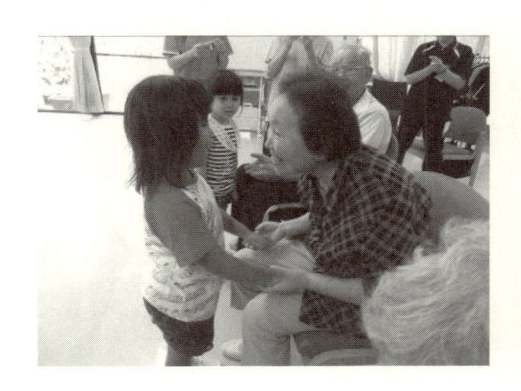

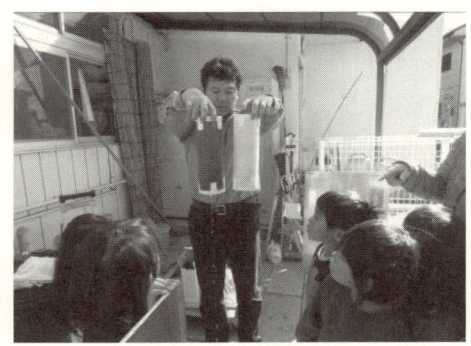

2) さまざまな職種とのかかわり

　子どもたちの夢を刺激する体験は，子どもたちのすこやかな育ちにとってきわめて意義深い。たとえば警察官立ち会いの不審者訓練，消防士立ち会いの火災や竜巻訓練，新幹線車両センターの見学，地域マーケットツアーへの参加，運送会社の交通安全教室，郵便局見学，看護師の仕事見学，農業体験など，「自分もやってみたい，なりたい」と思うさまざまな職種と触れ合う機会を提供する。

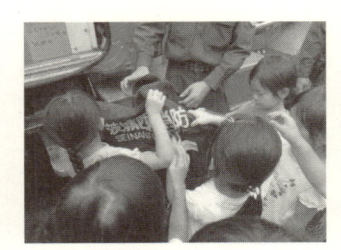

3) 保護者の仲間エンパワメント

　保護者ボランティアの仕組みをつくり，年に一度は保護者同士が自然にふれあう機会をつくる。保護者が仕事帰りに一息ついて気軽に話ができるよう，園の空きスペース等を利用して歓談できる場をつくる。

(2) 平等性

各国の文化や障がい者と接することで，さまざまな人がいることを知るとともに，その違いを認めることができる。

1) 世界各国の文化を知る

異文化を知ることを目的として，世界の国の料理や，外国籍在園児の母国料理を給食で月1回提供する。他国の言葉に触れる機会としてネイティブ講師による英語教室を導入する。

2) 障がい者を助ける動物と触れ合う

盲導犬との触れ合いを通し，障がい者にとって盲導犬は自分の目となり，ともに生活しながら深い絆で結ばれていることを知る。また，盲導犬が仕事をしている時には，勝手に触れたり興奮させるようなことをしてはならないことを学ぶ。

(3) 可塑性

当事者のニーズに柔軟に対応し，だれもが気軽に立ち寄り，相談できる場所を目指す。妊娠期からの子育て支援を行い，休日に「パパママクラブ」を開催する。保育士，

栄養士，保健師が連携し，栄養や紙おむつの知識，沐浴体験，母乳ケア，上手な病院へのかかり方，ベビーマッサージ，赤ちゃんが喜ぶ手作りおもちゃの紹介などを行う。

(4) 多様性

さまざまな人との出会いを楽しむことができる力をつけるため，小学校との連携を行う。近隣小学校で4歳児と小学4年生の交流をはじめ，次年度には5歳児と5年生，小学校入学時には，1年生と6年生の関係をしっかりとつくる。異年齢とのかかわりを通じ，周りにはさまざまな個性を持つ子がたくさんいることを知り，仲間として認め合えるよう働きかける。　　→　事例6 (p.81) エンパワメントの効果参照

4．エンパワメントのコツ

(1) 目的を明確に

子どもも保護者もともに，すばらしい未来を描くことのできる環境整備を目標に掲げ，支援する。

一人ひとりがさまざまな出会いや経験を通じ，自分のやりたいことを見つけたり，自分の力を発揮できるよう環境を整備する。

(2) 関係性を楽しむ

　子どもと保護者に実体験を通じて，さまざまな人びとと触れ合う機会を提供する。たとえば食育の一環として，スーパーを訪問し，職員とともに惣菜づくりや集配の現場を見て，食物の栄養素から食品が店頭に並ぶまでを学ぶ。実際に見たり触れたりすることで理解が深まる。保護者を招き子どもと一緒に体験し共感することが大切である。

(3) 共感のネットワーク化

　自分の想いや考えを言葉にして伝えたり，遊びに取り入れられるよう環境を整える。経験したことをフィードバックしたり，相手に共感してもらったり，また相手に共感したりしながら，幼児期より共感のネットワークを体感する環境をつくる。

(4) 心地よさの演出

　子どもも保護者も自分のやりたいことができ，疲れたらゆっくりと静かに休める，気持ちを理解してくれる仲間がいる，さまざまな選択肢がある等，心地良い環境を用意する。

(5) 柔軟な参加形態

　行事や懇談会は，自分の参加したい時や参加できる時に参加するなど自分のペースで取り組めるよう柔軟に対応する。参加しなかったが他者の話を聞き興味がわく場合がある。仲間のフォローがあることで，継続する場合もある。ただし，毎回参加しない人や参加率が低い人は，きちんとフォローすることが大切である。

(6) つねに発展に向かう

　継続に向けPDCAサイクルを確立し，支援内容を見直していく。硬直化を防ぐため内容を変化させたり，メンバーを変えたりして発展させていく。

(7) 評価の視点

　アンケートを取る，感想を聞くなどして，次の活動への発展につなげる。活動に参加することで，自分に自信が持てる。他者との違いを受け入れることで，関係が良好

になり、新しいものを生み出せる。自分たちだけではなく、地域を巻き込んで一緒に成長していると実感することが大切である。

→ 事例6 （p.81）エンパワメントのコツ参照

■2節 ●―●いくつになっても現役！仲間づくり

1．支援概要

　介護老人保健施設では、地域交流および地域貢献に視点をおき、施設の近隣地区の地域高齢者の所属する老人クラブとの交流会を実施している。

　交流会を実施するにあたり、医師をはじめ、看護師、理学療法士、作業療法士、介護福祉士、管理栄養士、社会福祉士や他の事業所における専門職、また施設の持つリハビリスペースや、法人の所有する集会スペース等の資源を活かすことができるのではないかと考えた。

　開始当初は高齢者同士の交流の機会とし、施設利用者と老人クラブとが交流する場の提供を目的として実施した。しかし、介護を要する施設利用者と自立した老人クラブ利用者との身体的な違いにより、施設利用者が引け目を感じ、交流会がうまく機能しなかった。

　そこで、内容を変えて老人クラブとの交流を、介護予防施策の一環としての「体力測定」と施設でのリハビリテーションが体験できる「お試しリハビリ」という内容で実施した。老人クラブ利用者が健康づくりや自分の身体状況について興味があり、介護予防に対して意欲的であることがアンケートによりわかった。地域高齢者は介護予防に対して潜在的なニーズを持っている。介護予防事業を継続することで、施設の持つリハビリテーションという専門職の能力や設備等の資源を、地域貢献に活用できた。

　その中で発見した新たなニーズから、子どもたちを交えた地域の環境整備活動や映画鑑賞会を実施した。こちらの呼びかけに対し参加していた形から、地域高齢者が自ら進んで参加する形へ、交流の方法が変化した。

　現在、老人クラブ利用者は、おのおのが自身でプログラムを選択し、体力や興味に合ったものに参加している。初めは「リハビリ教室」の案内がきっかけであったが、高齢者がお互いを誘い合って参加することが多くなっている。地域高齢者が自ら活動

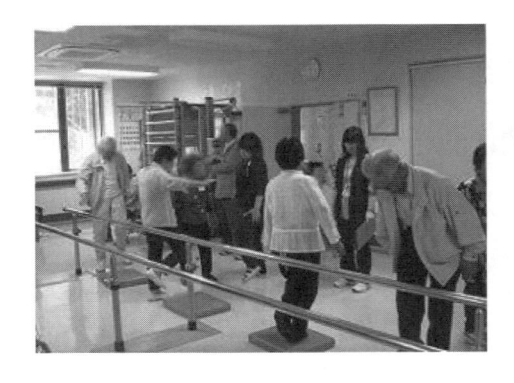

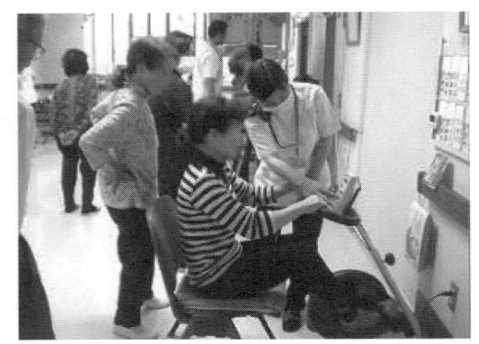

に参加することが，地域住民の強いつながりや交流の拡大への契機となる可能性がある。

現在の交流やつながりがさらなる地域貢献活動へと発展していくためにも，さまざまなニーズに応じた活動や交流の場を提供していくしかけづくりをする必要がある。地域住民が主役となり，地域活性化を図るための脇役として寄り添っていくことが法人の役割となる。

2．エンパワメント支援設計

(1) 目標

高齢者の知識や技術を活用して若い世代が地域の文化にふれる機会つくり，元気で尊敬できるかっこいい高齢者があふれる地域づくりを推進する。

また，地域住民が健康で自立した在宅生活を継続できるように支援する。

(2) 現状

これまでの交流会から，行政区内のつながり強化の機会を提供することができ，施

設機能や専門職について地域高齢者に認知されてきた。体力測定を実施することで参加者自身の体力を把握する機会になっている。

参加者が固定されてきており，参加が難しく自宅からの外出が難しい高齢者への，物理的・心理的距離や参加しにくい原因の解消が課題である。

(3) 背景

地元自治体の総人口は年々減少し，高齢者人口は増加している。各老人クラブ会員からのアンケートによる聞き取りでは，およそ8割が子どもやその配偶者，孫またはひ孫と同居している。高齢化が進んでいるものの，独居や高齢世帯などの高齢者が孤立した状況ではないが，就労している家族が多く日中高齢者世帯が多い。

(4) 影響要因

高齢者の自宅からの外出が困難な要因として，車の運転ができず，移動手段が徒歩または自転車である場合が多い。

交流会での体力測定では，体力に自信のある人は数字からプラスのフィードバックがある。しかし体調や体力に自信のない人は，数字を見て落ち込んでしまい，不参加傾向となってしまう。

単に筋力向上のみを目指すのではなく，客観的な現状の確認と普段の生活での健康の維持が目的であることを理解しやすいよう伝える。誤解を生まない説明の仕方を工夫していくことが課題である。

(5) 支援方法

第1に，情報交換ができる多世代交流の場をつくる。高齢者が持つ暮らしの知恵等の知識，物づくり等の技術を披露する機会を設ける。また，学校等の教育機関を会場として多世代（特に若い世代）の積極的な参加を促す。

第2に，地域高齢者の介護予防を推進する。交通手段がないという物理的な参加しにくい原因を解消するため，専門職が地域内へ出張して支援する。

第3に，行政とのネットワークを強化する。地域の特徴や住民同士のつながり情報を把握し，孤立予防等の課題を解決する。

(6) 根拠

体力測定として「握力」「ファンクショナルリーチ（Functional Reach）：動的バランス能力の指標」「最大歩行速度」「開眼片足立ち時間」「長座位体前屈」を実施し，体力を構成する要素を包括的に測定する。

身体的・精神的・社会的な側面から，健康を把握できるツールとして「日常生活についてのおたずね」（法人作成アンケート），交流会参加についての感想や意見を質問紙により聴取する。　　　　　　　→ 事例7 （p.82）エンパワメント支援設計図参照

3．エンパワメントの効果

(1) 自分エンパワメント

情報交換ができる多世代交流の場をつくり，社会とのつながりを実感する機会が増加し，健康の維持につながる。また新たな趣味を見つけ運動習慣を身に着け，健康の維持や疾病の予防，心身機能の向上に効果がある。引きこもり傾向にある住民に対して介護予防の働きかけをすることで，健康維持を図り，社会参加の機会を多く持つことができる。

高齢者が持つ暮らしの知恵や物づくりを披露する機会をつくることで，高齢者自身が社会での役割を感じ，自信を持ち続けることにつながる。また，力を発揮することや新たな楽しみを獲得することができる。

(2) 仲間エンパワメント

家族の絆が深まり，活力ある高齢者が増え，お互いを意識し合い相乗効果となる。多世代が高齢者の存在を大きく感じ尊重することで，同じ地域で暮らす仲間という意識が強くなる。

(3) 組織エンパワメント

地域全体で伝統への意識が高まることで，地域を大切に思う気持ちや活かしていこうという意欲へとつながる。また，健康で自立した在宅生活を続けられることで，自信を持つ高齢者が地域に増え，尊重されることとなる。

→ 事例7 （p.83）エンパワメントの効果参照

4. エンパワメントのコツ

(1) 目標を明確に
「健康で長く住み慣れた場所で暮らしていきたい」という地域住民のニーズを踏まえ，多くの高齢者が活き活きと自信あふれる姿で暮らし，住民が明るい未来を思い描ける地域とする。

(2) 関係性を楽しむ
高齢者にとっては自分の知識や技術を他世代へ披露することで自尊心を高めることができる。他世代にとっては地域の伝統や歴史について学びの機会となり，地域に愛着が湧いてくる。住民にとって地域と高齢者が誇りになる。

(3) 共感のネットワーク化
多世代や組織がかかわりを深めることで関係者が拡大し，固定された関係ではなく，いつもとは違う新しい関係をつなぐ機会が多くなる。

(4) 心地よさの演出
介護予防教室等で，多世代が親密な関係となるような機会をつくる。地域のすばらしさを理解し伝統を重んじる考えを大切にする意識が高まり，これまで伝統にかかわることが少ない世代による新しい提案が時代に沿った変革へのきっかけとなる。

(5) 柔軟な参加形態
すべての希望者が自由に参加できることで，多世代交流が活性化される。ある世代に固定されず，さまざまな人が役割を担うことで，ゆったり無理なく柔軟な参加形態を実現させる。地域内でのつながりや活動を魅力化することで，他地域や組織から注目され，団体組織間での参加を可能とする。

(6) つねに発展に向かう
行政との連携を密にし，変化する地域ニーズに対して活動を発展させる。「生涯現役！引退ゼロ」を目指す。

(7) 評価の視点

地域住民の生活充実度をアンケートで測定したり，体力測定をしたりし，成果を評価しながら展開する。　　　→ 事例7 （p.83）エンパワメントのコツ参照

■3節●─●働く喜びご一緒に

1．支援概要

(1) 障がい者雇用の状況

仕事を求める障がい者数は，全国のハローワークにおける障がい種別職業紹介状況をみると，年々増加している。企業に一定割合以上の障がい者を雇用するよう義務づける法定雇用率が，2013年4月1日に現行の1.8％から2.0％になった。企業の雇用義務が強化され，仕事を求める障がい者にとって追い風となっている。厚生労働省（2013）の調査によると，雇用障がい者数40万8,947人，対前年7.0％増で実雇用率1.76％，対前年0.07％上昇である。ともに過去最高を更新し，伸び幅は過去最高である。法定雇用率を達成している企業の割合は42.7％（前年比4.1％低下）となっている。

障がい者の雇用促進等に関する法律の一部を改正する法律では，①雇用の分野における障がい者に対する差別の禁止，②障がい者が職場で働くに当たっての支障を改善するための措置（合理的配慮），③障がい者の雇用に関する状況を鑑み，精神障がい者を法定雇用率の算定基礎に加える等の措置が盛り込まれており，制度において障がい者に追い風となっている。

しかし，地域に根付いた中小企業（50～56人未満規模企業,56～100人未満規模企業,100～300人未満規模企業）での実雇用率は低く，取り組みが遅れているのが現状である。

(2) 障がい者雇用への取り組み

当法人では，2014年4月1日現在11名の知的・精神障がい者を雇用しており，今後も法定雇用率に固執することなく，障がい者を雇用していく予定である。雇用障がい者（以下，障がい者）は各事業所に配置され，清掃業務や入所者の衣類の裁縫等の役割を担い，職員と入所者に欠かせない存在となっている。それ以外の業務では事業所

で栽培した野菜を職員へ販売し、新たな業務習得に向け取り組んでいる。

　しかしその反面、就労に対する意欲や生活面、健康面において課題があるのも事実である。当法人では、障がい者の課題に対し、一事業所、1人の担当者で対応するのではなく、法人全体として組織的に障がい者をサポートすることを目的に、2014年に委員会を発足した。委員会では、障がい者自身の「こうありたい自分」（目標、夢）に対し、共有し協働していくこを目的としている。「こうありたい自分」の達成は就労のみならず生活においてもサポートが必要である。当法人のサポートだけでは限界があり、障がい者を理解するサポーター（仲間や地域）が多ければ多いほど目標達成に近づける。

　またアウトリーチ活動を実施している。中学校の「総合的な学習の時間」教育課程において、障がい者が学生に対し、普段取り組んでいる仕事の内容や生活の状況を伝える機会を設けた。学生より、「障がい者が働いていることを知らなかった」「障がいがあるのに頑張っている」等の声が聞かれ、まだまだ地域における障がい者に対する理解の乏しい現状を知ることができた。「生活の中で困っていることがあれば手を差し伸べたい」「私よりも丁寧に掃除をし、すごいと思った」とした意見があり、障がい者に対して、ある一定の理解を深める機会となった。

　以前、（株）日本理化学工業の大山会長が「障がい者のそれぞれの能力や理解力に合わせて用意をすれば、能力を発揮することができる」と述べていた。この視点を多くの人びとと共有することができれば、障がい者の「こうありたい自分」の達成につながると考えられる。

(3) 働くことで得られる喜びを感じることができる場づくりへ

　働くことを通して、障がい者だけでなく、だれしもが喜びを得られる環境を整えていくことを大目標に、一つの提案として「地域の活性化」を目指した事業、たとえば地産地消レストラン等を展開し、目標を達成する。障がい者が主体となり地域の中で事業を展開していくことで、障がい者が地域での役割を認識し、地域から期待される存在となり、社会に貢献することを目指す。

　小目標では、障がい者に対しては、「こうありたい自分」を描く。仲間に対しては、地域住民との交流や「総合的な学習の時間」において次世代に対する教育を通して、障がい者に対する理解を深め、障がい者の能力を最大限に生かせる環境を整える。小

目標を達成することで,「ともに喜びを分かち合う関係性」を築き,大目標の達成を目指す。

2．エンパワメント支援設計図

(1) 目標の設定

　障がいの有無にかかわらずだれもが働くことで得られる喜びを感じる社会へ向けて,障がい者が主体となる地域活性化を目指した事業の展開を目標とする。

　障がい者の能力や特性に合った仕事に配置することで,力を最大限に発揮する。地域に根差した事業を展開することにより,障がい者が地域での役割を認識する。それがやりがいや生きがいにつながり,地域から期待される存在となる。その延長線にあるのは,障がいの有無にかかわらず,だれもが地域活性化という一つの目標の活動の主役となり,個々の能力や特性に合った力を最大限に生かせる場をつくることである。力を最大限に生かすことで,個々人が喜びを得られ,お互いの喜びへとつながり,お互いに共感できる社会の構築へとつながることを目指す。

(2) 現状の把握

　現状の望ましい傾向として,以下のことがあげられる。
・日々の業務の取り組みの中で,毎日時間通りに,決められた業務を行うことや依頼した業務に対し,正確に行うことができる。このことは,障がいの特性を理解し適正な業務に配置することで,強みへとなる。
・当法人では中学校における「総合的な学習の時間」において,次世代を担う学生に対し,障がい者が普段の業務や生活状況を伝える機会があり,障がい者に対する理解が深まる場となっている。

　また,改善すべき点,気になる点としては以下のことがあげられる。
・障がい者に関する課題が就労のみならず,家族や生活,健康面等と重なり合い,1つの事業所に1人の担当者だけでは解決することが困難な場合がある。
・障がい者と地域住民が交流したり協同したりする場や機会が乏しい。
・法定雇用率に満たない企業がほとんどである。

(3) 背景を知る

　雇用側の要因として，障がいへの理解や障がい者を雇用した経験に乏しい企業は，障がいの特性にそぐわない業務配置となっている。一方で，障がいの特性を理解している企業では，障がい者が戦力として働いている。

　地域特性の要因として，K市においては，障がい者が職場まで出勤できるような交通網が整っておらず，自転車での通勤が主となっており，働きたくても職場に行けない障がい者がいる可能性がある。

(4) 影響要因を整理する

　まず，障がい者側の要因として，障がい者が自分自身のことを理解し受け止めることが困難な可能性があり，「こうありたい自分」を描くうえで，何らかの支援を必要としていることがある。また，コミュニケーションが苦手である障がい者もおり，地域住民との交流がスムーズに進まないこともある。地域住民と障がい者の間に支援者が入り，何らかのアプローチをすることにより交流がスムーズとなることが望まれる。

　地域住民や雇用側の要因として，障がい者に対する地域住民や雇用者の理解の未熟さがあげられる。障がい者との交流が少なく，障がいに対する理解に乏しい。障がい者への理解を深めることによって，就労や生活等さまざまな場面において環境や支援への配慮ができるようになるであろう。

(5) 支援方法を考える

　1つ目として，当法人の障がい者に対して，障がい者職業生活相談員が，①業務を細分化し，障がい者ができる業務の確立，②人間関係の構築，③障がい者同士が交流するための情報交換の場の提供，④個々に合った適正な業務の把握と配置，などの支

援を行う。このようにさらに働きやすい環境を整えることによって，継続して仲間と一緒に働くことができるようになる。

　２つ目は，当法人と他企業が，障がい者の可能性を広げることの目的を共有し，職場体験等を通して，障がい者の能力や特性に合った業務に配置できるような連携を図ることが挙げられる。

　３つ目としては，地域の特性を知り，その地域において求めていることを洗い出し，地域が活性化する事業を立ち上げる。その事業の中で障がい者の能力や特性に合った業務を行うことで，「こうありたい自分」の目標を達成できるよう支援する。

→ 事例8 （p.84）エンパワメント支援設計図参照

３．エンパワメントの効果

　今後，得られる効果は次のとおりである。

(1) 障がい者への効果

　障がい者の特性に合った業務に従事することで，職場内において役割が明確になり，仕事に対する責任感が生まれる。地域の活性化を目指した事業の主役になることで，地域の中で役割を担い，期待される存在として認識され，やりがいや生きがいにつながる。それは個々の自信につながり，積極的にさまざまな分野において参加が期待される。地域住民との触れ合いや協働する機会が増え，刺激を得ることにより，さらに個人の夢が広がる。

(2) 子どもへの効果

子どもに対しては,「総合的な学習の時間」をきっかけに,障がい者への理解を深め,障がい者の持つ力(能力)に対して着目するようになる。また,その着目点は障がいの有無にかかわらず,だれに対しても同じであり,共生社会の実現へとつながる。

(3) 地域住民への効果

身近な地域において一生懸命に貢献する障がい者の姿を間近に見ることで,障がい者に対する理解が深まり,障がい者の持つ力に対して着目するようになる。それは,子どもたちへの教育につながり継承されていくことで,共生社会の実現へつながる。地域が活性化することで,さまざまな場面において地域住民同士の絆ができ,地域に対する帰属意識が生まれる。

(4) 企業の効果

障がい者の持つ力に着目する視点を地域住民が持つことで,職場においても,障がい者に対し,適正な業務に配置できるよう環境面含め配慮が可能となる。また,障がい者を雇用する企業同士が結びつき,情報や課題を共有することで,障がい者に対して柔軟なサポート体制が確立される。企業にとっては障がい者の能力や特性を生かした職場に配置でき,業務の効率性や利益に効果が表れ,企業において障がい者が欠かせない存在となる。障がい者にとどまらず,だれもが個々の能力や特性を最大限に生かした業務配置となり,働く喜びを共有する関係性を築くことができる。

(5) 全体的な効果

　障がい者に対するマイナスのイメージをプラスに変えることで，共生社会の実現へとつながる。障がい者にとどまらず，すべての人が就労や生活面等で生きがいややりがいを持ち，「こうありたい自分」を達成する。また，人と人との結びつきを強め，地域における連帯感を通じて地域の活性化につなげる。

→ 事例8 （p.85）エンパワメントの効果参照

4．エンパワメントのコツ

　当事者と支援展開のエンパワメントのコツについて概説する。

(1) 障がい者の自己理解

　障がい者が，自分自身のことを理解し受け止めることはなかなか難しい。独立行政法人 高齢・障害・求職者雇用支援機構が開発した就労支援のためのチェックリストを使用し，自己理解に努めていくことで，「こうありたい自分」の目標を設定する。また，障がい者雇用に関係する各機関と連携を図り，障がい者個々のサポート体制を整える。

(2) 個々の強みと能力に着目

　障がいの有無にかかわらず，だれもが他者に対し，その人が持ちうる強みや能力に着目する。就労や生活のさまざまな場面において，個々の能力や特性に合った業務の配置となり，能力が発揮できる。生きがいややりがいにつながり，さらなる目標設定が可能となる。安定した職場環境の整備により，互いに尊重し合う関係性が築けるようになる。

(3) 地域の活性化事業の展開

　「地域の活性化」をテーマとし，さまざまな人びとが集まることで，グループ同士が結びつき，新たな事業が展開される。新たな事業は地域のニーズに即した活動であり，つねに新鮮な活動となる。その後も活動以外のさまざまな形で人と人が結びつき，集団となり，互いに支え合うシステムが構築される。

(4) 他企業との連携

企業間で，障がい者の「こうありたい自分」の目標達成に向けた支援を共有する。職場体験できる環境を整え，より適正や成長に見合った職場への配置転換が容易になるよう，企業間で協力して仕組みをつくる。

(5) 障がい者雇用の発展

障がい者の有無にかかわらず，だれもが社会の中の一人として存在し，互いの力を理解し協働することで，「働く喜びご一緒に」が真に実現することを期待する。

→ 事例8 （p.85）エンパワメントのコツ参照

■ 4節 ● みんなちがって，みんないい

1．支援概要

地域生活定着促進事業とは，高齢または障がいにより，福祉的な支援を必要とする矯正施設退所者の社会復帰を支援する事業である。

司法福祉，更生保護の活動が地域社会に拡がり，さまざまな関係機関と連携を図り，だれもが安心して暮らせる地域社会の実現を目指す。福祉，教育，医療，保健，行政，司法など，さまざまな関係機関がネットワークを構築し，地域を支える仕組みが求められる。特に司法福祉や更生保護の対象者においては，偏見や差別の対象となりやすい。一歩ずつ地域社会で自立していく過程において，自分自身に自信を持ち，自分らしさを活かせるように支援し，社会復帰につなげる必要がある。

現在，法人では，①地域生活定着促進事業の受託，②社会貢献活動の登録，③自立準備ホームの登録，④協力雇用主の登録，の4つの取り組みを行っている。

(1) 地域生活定着促進事業

地域生活定着促進事業は各都道府県が「地域生活定着支援センター」を各県1か所ずつ設置し，事業を展開している。

なお，法人では2010年11月に県から事業を受託し，センターを設置した。

地域生活定着支援センターは，矯正施設（刑務所や少年院等）に収容されている障

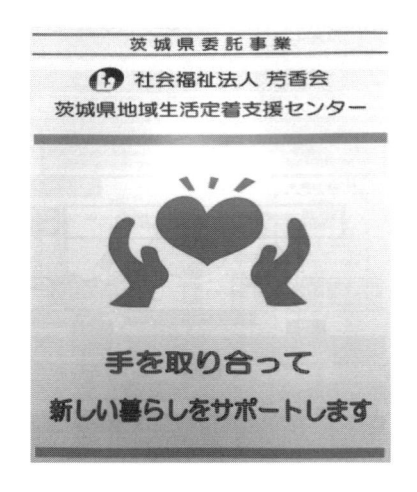

がい者や高齢者のうち，帰る場所がなく，福祉の支援を必要としている人を対象に，保護観察所からの依頼を受け福祉調整を図る機関である。対象者が出所後に地域で安定した生活ができるよう，矯正施設入所中から調整をすすめ，地域に戻ってからも本人と関係機関との福祉的な支援と調整を行う。

(2) 社会貢献活動

保護観察中の人びとが地域社会に貢献する活動を行うことを通じて，立ち直ることを目的とする。社会の役に立つという体験を通じて，人の役に立てるという感情や社会のルールを守る意識をはぐくむことを目的として公共の場所での清掃や，福祉施設での介護補助などを行う場を提供する。法人では年3回，入所型3施設でリサイクル

活動や清掃活動などを職員，利用者とともに行っている。

(3) 自立準備ホーム（更生緊急保護）

自立準備ホームは，刑務所，少年院などを出所した後，帰る家のない人が自立できるまでの間，一時的に暮らすことのできる民間の施設である。NPO法人や社会福祉法人などが，保護観察所へあらかじめ登録を行う。法人では入所型5施設が登録し，これまで2名の障がい者，高齢者が利用した。

(4) 協力雇用主

犯罪や非行という前歴のために定職に就くことが容易でない刑務所出所者等を，その事情を理解したうえで雇用し，社会復帰や改善更生に協力する民間の事業主を協力雇用主という。法人では入所型7施設が登録し，これまで2名を職員として雇用している。

2．エンパワメント支援設計

だれもが安心して生活できる地域づくりを目標とし，エンパワメント支援設計図を作成した。

安心して地域の中で自立した生活を営むためには，人とのかかわりや，いざという時のサポートは欠かせない。まただれもが「居場所」や「役割」を持つことで，地域社会の一員として存在していると感じることができる。そのためにも排他的社会から包摂的社会への変容が求められる。課題解決には，積極的な関与を可能にする支援ネットワークの構築が必須である。

→ 事例9 （p.86）エンパワメント支援設計図参照

3．エンパワメントの効果

(1) 対象者への効果

対象者はこれまでの生育歴のなかで，人と信頼関係を築いたり，自分に自信を持ったり，地域の中で安心して生活することが難しい環境にいた人が多い。地域生活定着支援センターは，信頼できる人や相談できる人を地域の中に少しずつ増やし，対象者が持っている力を最大限活かした活動や就労等の役割を地域の中で見つけるよう環境

調整する。社会の役に立つことができる（できた），自分にもできるという達成感，地域の一員であるという連帯感を体験し，居場所（安心して生活できる場）をつくることにつなげる。

対象者は自分が何に困ってきたのか，理解が難しい場合も少なくない。支援者と一緒に考えることで自分の生活課題がわかり，目標を見いだす。生活課題を解決するために相談できる人がいることは安心感となり，対象者自身が自分の意思で，自分らしい生活を築いていくことを支援者が支える。

(2) 地域への効果

「テレビに映る犯罪者は自分たちとは違う『モンスター』であり，自分たちの安全を守るにはたたき潰すしかない。不正確な統計やマスコミ報道によって，そう考える人は少なくないようです。しかし犯罪をする人は，私たちのなかから生まれるのです。犯罪を生み出さない社会をつくる，更生を支援して再犯を防止する，これはすべて私たち自身の問題です。排除するだけでは犯罪はなくなりません。本気で犯罪を減らしたい，安心して暮らせる社会にしたいと思うのであれば，まず，人が犯罪をするプロセスを知り，犯罪行為をした人にどのような支援が必要かを考えることが大切です」と浜井（2009）は述べている。

研修会や会議の開催により，対象者の置かれている環境への理解が深まり，対象者への支援に共感を得て支援の輪が広がる。形成したネットワークを有効に機能させるためには，各関係者の強みを理解し，適切な役割分担をすることも重要である。関係者間で情報を共有し，対象者と関係者との同意を得ながらそれぞれの強みを活かした支援展開が期待できる。

(3) 事業所への効果

前科のある対象者の受け入れや取り組みに初めは消極的なことも多いが，実際に対象者に会いかかわることで，もともと福祉支援の必要な人であることを実感し，自分たちにできることがわかるようになる。一人の対象者とのかかわりがきっかけとなり，事業所が自信を持ち，その後の前向きな支援につながる。

さまざまな関係機関と連携して支援を行うことで，対象者の変化や事業者自らの意識の変化を通じ，支援の必要性や意義を明らかにする。

(4) 地域生活定着支援センター職員への効果

地域の資源を知り，ネットワーク構築ができる。ネットワークの形成方法を少しずつ学び，自分たちの役割を明確にできる。また対象者の支援から，改めて社会福祉の価値とは何かを考える契機となる。　→ 事例9 （p.87）エンパワメントの効果参照

4．エンパワメントのコツ

(1) 相手のペースを尊重する

相互にエンパワメントされ，留まることなく拡がっていくものであるために，無理は禁物である。ゆったり無理なく，対象者のペースに合わせるとともに，対象者の生き方や考え方を尊重することで，徐々に対象者との信頼関係を築く。決して支援者の考えを押し付けないことが重要である。

(2) 支援過程を明確にする

ネットワークの中心につねに対象者がいることを共通認識し，対象者が自分自身の課題として向き合えるよう支援する。どこに向かっているのか，目標に対するイメージを共有する。各分野の専門性を尊重し，相互の関係性を広げることが必要である。共感ネットワークの拡がりは，それぞれの強みに働きかけ，さらなる相乗効果が期待できる。

(3) 社会への働きかけ

罪を憎んで，人を憎まず。犯罪を肯定することはしないが，罪を犯すに至った背景に焦点を当てることで，その人が持っている力を最大限に発揮できる環境調整が必要であったことに気づく。その実現には多くの人や機関，つまり社会全体の理解が不可欠であるという視点のもと，さまざまな機会に啓発活動を行っていく。また，その先を見据えて，犯罪に限らず各種理由で社会の枠組みから外れてしまっている人がいることを社会に問題提起していくことで，法や制度の整備が進み，包摂的社会の実現に向かうことを期待する。

(4) 社会福祉法人としての役割

活動の意味づけとして考えると，支援者の取り組みは，対象者が自らの能力や持っ

ている力を最大限活用し，課題解決できるように社会に対して問題提起などを行う一翼を担っている。そのためにも，人や機関とのつながりを拡げることは重要である。目前のことだけにとらわれず，幅広い分野の人びととの協働が必要である。

　だれもが安心して暮らせる地域社会づくりは，専門職だけが取り組む特別な活動ではない。近所付き合いや，家庭，学校，会社等の日常生活の中での気づきや，それを共有するネットワークが地域に根ざしていることが重要である。専門職として地域力を活性化する力量が求められる。　→ 事例9 （p.87）エンパワメントのコツ参照

■5節 しかけづくりに当事者の生の声を活かす

1．概要

　当事者主体のしかけづくりに向け，本節では，生きにくさを抱える人が地域の中で自己実現に向かうことができるような支援体制のあり方を検討する。矯正施設退所者および障がい者を支援する専門職を対象に，フォーカス・グループインタビュー法（以下FGI）を用いて支援ニーズや展開要因を検討した例を紹介する（有岡ら，2015）。

2．展開方法

(1) 背景と目的

　個人の力では動かしがたい事情で，地域の中で生きにくさを感じている人は少なくない。近年，矯正施設退所者の社会復帰支援のための仕組みづくりや，障がい者が自分に合った仕事に就き，社会の中で自立していくための支援体制づくりは喫緊の課題となっている。

　矯正施設退所者への社会復帰支援には，民間協力者と退所者とのつながりを強化し，地域生活を営むうえで地域に根差した取り組みが有効である。では，具体的にどのような取り組みが有効といえるのだろうか。

　障がい者雇用について，障がい者自立支援法の施行移行，実雇用率は毎年増加している。しかし，依然として法定雇用率には達していないのが現実である。事業所における障がい者採用は増加しているものの，離職者が少なくないという課題がみられる。障がい者雇用の促進および離職防止のために，具体的にどのような支援が求められて

いるのだろうか。

本節では，矯正施設退所者と障がい者が，地域の中で自己実現できる支援体制のあり方を検討する。

(2) 実施方法
1) 対象

更生保護調査では，矯正施設退所者とかかわり活発に活動している更生保護女性会の会員6名，および保護司会の会員8名を対象者とした。

障がい者雇用調査では，障がい者の就労支援にかかわる福祉施設の相談員5名および介助員6名を対象とした。相談員は福祉施設内において障がい者の就労支援に携わる専門職である。介助員は，職場において雇用障がい者の指導をしつつともに働く立場にある者である。

2) 方法

更生保護活動のニーズや展開可能性，現在行われている障がい者の就労支援のコツを把握するため，FGIを用いた質的研究を実施した。このFGIは，対象者の「生の声」を体系的に整理し，実践に反映することに適しており，先行研究において信頼性および妥当性が検証されている方法である。

調査場所は静かな個室とし，対象者の承諾を得てICレコーダーとビデオを設置し記録した。情報を抜けもれなく整理するため，観察者は目立たない場所でFGIの様子を観察し，記録した。所要時間は1時間〜1時間半とした。

更生保護調査の内容は，①活動年数および活動についての印象，②活発な活動のポイント，③今後の活動についての提案や希望について，であった。

障がい者雇用調査の内容は，①相談員および介助員としての活動と経験，②障がい者の楽しみやニーズ，③障がい者雇用の可能性について，であった。

3) 分析方法
①逐語記録の作成

ICレコーダーに録音した記録，および必要に応じて撮影したビデオの記録から，正確な逐語記録を作成した。

②重要アイテムの抽出

逐語記録から対象者の反応を加味し，テーマに照合して重要な言葉や文章の要約（重

要アイテム）を抽出した。

③重要カテゴリーの位置づけ

　テーマや目的に合わせた理論から重要カテゴリーを選定した。更生保護に関しては，システム構造分析を用い，重要アイテムを「個」「相互」「地域システム」の領域に位置づけた。障がい者雇用に関しては，人びとや組織の持っている力を最大限に引き出し，元気にするしかけとして提唱されているコミュニティ・エンパワメントの要素「目的を明確に」「関係性を楽しむ」「共感のネットワーク化」「心地よさの演出」「柔軟な参加形態」「つねに発展に向かう」「評価の視点」を重要カテゴリーと位置づけ，重要アイテムを整理した。

④サブカテゴリーの作成

　内容分析法を用いて，重要アイテムを類型化しサブカテゴリーを抽出した。

⑤複合分析

　それぞれのグループで分析を行い，2グループの一致点，相違点を複合的に分析した。

3．成果

(1) 更生保護

　更生保護活動について語られた内容から，更生保護女性会グループでは31個，保護司会グループでは33個の重要アイテムが抽出された。コミュニティ・エンパワメントの理論を用いて個の領域，相互の領域，地域システムの領域の3つの重要カテゴリーに整理し，さらにその中でサブカテゴリーを抽出した（表6-1）。

(2) 障がい者雇用

　障がい者雇用推進に向けた支援の条件について語られた内容から，相談員グループでは30個，介助員グループでは24個の重要アイテムが抽出された。コミュニティ・エンパワメント実現の7つの要素に基づき，目的を明確に，関係性を楽しむ，共感のネットワーク化，心地よさの演出，柔軟な参加形態，つねに発展に向かう，評価の視点の7つの重要カテゴリーに整理し，さらにその中でサブカテゴリーを抽出した（表6-2）。

表6-1 更生保護に関するニーズと展開要因

領域	重要カテゴリー	重要アイテム	更生保護女性会	保護司会
個の領域	活動への主体的な取り組み	活動への意欲	○	○
		自己効力感	○	○
		達成可能な課題設定	○	○
		役割の意識	○	
		成長への意識	○	
		お金以外の目標	○	
		活動困難な課題への対応	○	
		貢献意識		○
		共感的理解		○
		学びの機会		○
	活動と日常生活との両立	家族の理解	○	
		活動のきっかけ		○
		就任前の経験		○
相互の領域	運営体制の組織化	明確な指針	○	
		組織内の統率	○	
		組織の効果	○	
		組織の立ち上げ	○	
	活動の特徴	保護司会の特徴		○
		業務の特徴		○
		事務局の役割		○
		活動拠点としての役割		○
		活動の幅		○
	活動継続への取り組み	自主サークル活動		○
		支援のコツ		○
		支援の実態		○
	活動拡大への意欲と課題	仲間の存在	○	
		女性の活動		○
		人材の確保	○	○
		資金の課題	○	○
		活動展開への課題	○	○
		活動の制限や負担		○
		活動への困難感		○
		サポートセンターでの負担		○
地域システムの領域	情報支援の充実	活動の認知	○	○
		事前情報		○
		活動時の情報共有		○
	対象者とのかかわり	対象者の尊重	○	
		対象者のつよみの把握	○	
		対象者のつよみの活用	○	
		甘えのある環境	○	
		対象者との相互効果	○	
		効果の実感	○	
		居住地		○
		就労が困難な実態		○
		外国人への対応		○
	地域とのかかわり	周囲の理解	○	
		地域からの関心	○	○
		学校との連携	○	○
		他機関との連携	○	○
		更生保護女性会との連携		○
		地域交流へのアイディア	○	
		地域との協働	○	
	次世代への期待	子ども世代への期待	○	
		次世代につなぐ	○	

表6-2　障がい者雇用に関するニーズと展開要因

重要カテゴリー	サブカテゴリー	相談員グループ	介助員グループ
		重要アイテム	
1. 目的を明確に	当事者の自己理解	自己理解に向けた支援	できないことを認めたくない
	自立性を高める	整容面の自立、困難の克服、自発性を育む	整容面の自立、生活習慣の修正
	社会性を育む	集団内での役割を自分で見つける	社会人としての態度、他人との調和
2. 関係性を楽しむ	相互の信頼関係	頼れる存在、本音の部分に触れる	根気強く向き合う、障がいの特性の理解、愛着への欲求に応える、一貫した態度
	自己効力感を高める	成功体験を積む、困難の克服	ありがとうと言われることが嬉しい
3. 共感のネットワーク化	当事者への理解、受容	本人の基準の尊重	根気強く向き合う、障がいの特性の理解、愛着への欲求に応える
	家族との情報共有	家族に現状を伝える、保護者への支援	養育環境の影響
	職場への適応に向けた支援	中立の立場、生産性の向上、企業の合理化への協力	施設職員としての態度、モチベーションの維持、仕事の質を守る工夫、危険回避
	地域全体での支援	地域全体での受け入れ体制	
4. 心地よさの演出	経験の場	経験の重要性、可能性の発見	他人との摩擦
	集団の効果	集団内での役割を自分で見つける	
	行事の活用		娯楽行事、遊ぶ環境、親しい人とのつながり
5. 柔軟な参加形態	主体性の尊重	主体的に行動できる環境、自発性を育む	自己表現の機会
	強みを引き出す	経験の重要性、可能性の発見、長所を伸ばす、成功体験を積む	好きな仕事に積極的
6. つねに発展に向かう	継続的な支援	早い段階からの支援、当事者の状況に合った支援、信頼関係の継続	
7. 評価の視点	家族へのフィードバック	家族に伝える、家族の再生	
	変化への気づき		社会性の成長、繰り返し関わる

4．まとめ

　更生保護，障がい者雇用にかかわる実践の場からの「生の声」を整理した結果，①対象者の強みを見つけ，それを生かす場につなげること，②対象者の自己効力感を高めること，③地域の理解と受容が大切であること，が示された。支援者は，それが実現するよう対象者や地域に働きかけ，対象者と地域をつなぐ役割を担っていることが明らかにされた。

　これは，対象者の強みを生かす，やる気を引き出す，地域全体で協働していくコミ

ュニティ・エンパワメントの理論と一致していた。今回の対象者に限らず，だれもが地域の中で自己実現に向かうために必要な要素であると考えられる。

事例6　子どもを支える共感の場づくり

● エンパワメント支援設計図

④影響要因
○子どもについて
・色々な職業を知り、興味を持っている。
・障がい者、外国人への理解が深まる。
⇒「みんなちがってみんないい」という考えが浸透する。

・物を大切にするようになる。
○保護者について
・障がい者、外国人への理解が深まる。
・家庭での子どもとの会話や関わり方がポジティブになる。

・保育園と連携して子育てしていけるようになる。

・保護者間での情報交換等が盛んになる。
○地域の人、学生について
・園の方針を理解してくれる。
・保育士離れの減少につながる。

②現状
【望ましい傾向】
○リサイクル活動を通じて他園との交流
○地域の中での学び
・地域のマーケットツアー
・社会科見学(工場見学)
○様々な職種との関わり
・警察官による不審者対応訓練
・消防士立ち会いの避難訓練
・運送会社の交通安全教室
【改善すべき傾向】
・行事が形式的になっていて、他施設との交流が、その場だけでしかない。
・他園の地域交流内容が把握できない。
【気になる点】
・障がい者や外国人の方への理解が不足しているため、理解を深められるような援助が必要。

①目標
○大目標
・夢は世界を救う

○中目標
・子どもの夢につながる「やってみたい、やりたい！」と思える環境づくり。

・心から優しい子を育てる。

○小目標
・地域と様々な関わりがある、地域に開かれた園。

・誰でも気軽に立ち寄ったり、子どもを預けたりできる園。

・口コミで「いいね！」と評判の園。

達成時期：計画立案から3年後
評価方法：参加者への感想聞き取り、アンケート調査

⑤支援方法
○法人の他施設との協働
・子どもたちの施設訪問及び、施設利用者を招待した行事（イベント）。
・法人利用者のリサイクル活動の見学（地域の保育園の子どもたちも巻き込んで）。
・地域の人たちへ生ゴミ処理機より精製された液肥の配布（法人内事業所へも依頼）。
○保護者の仲間力
・ボランティアや場づくりを通して保護者同士のコミュニケーションを図る。
○地域の次世代育成
・高校生のボランティア、近隣保育士養成校へのアルバイト募集。
○保育園として
・異文化を知ることを目的として、ネイティブ講師の導入、給食で在園児の母国の料理の提供。
・絵本の活用（月刊絵本、絵本の貸出、読み聞かせ）。
・盲導犬との触れ合い。

③背景
【子どもの要因】
＊多様な人との関わりがある。
・土地、地域がら経験する場がない。
・マスメディアやゲームの普及により子どもの夢（発想力）の低下。
【保護者の要因】
・保護者として成熟度の低さ。
【環境の要因】
・障がい者の外出が少ない。

⑥根拠
・保育所保育指針
・子どもの夢の意識調査
・標準化された支援ツール

＊は強み

● エンパワメントの効果

効果	自分エンパワメント (個人)	仲間エンパワメント (相互)	組織エンパワメント (地域システム)
1. 共感性	・保護者は地域住民や専門職と共に、子育てを楽しむことができる。 ・子どもは世の中の様々な人と接することで共感する力がつく。	・子育ての悩みなど相談し合い、負担が軽くなる。	・地域と共に子育てが出来る。
2. 自己実現性	・自分のやりたいことが見つかる。	・子どもは世の中の様々な人と接することで共感する力がつく。	・住み続けたい地域になる。
3. 当事者性	・自ら考えられるようになる。	・様々な人とのふれあいにより人間関係や人との関わりの基礎となる。	・自分の住んでいるところ(地域)が好きになる。
4. 参加性	・活動へ参加し、楽しさや満足感を味わう。	・人間関係が良好になり、自然と協力し合えるようになる。	・地域への理解が深まる。
5. 平等性	・他人との違いを認めることが出来る。	・仲間の輪が広がり、互いを認め合える。	・子育てには皆悩みがあることを知り、相談し合えるようになる。
6. 戦略の多様性	・自分のことだけでなく他者への関心が深まる。	・力を合わせて様々な取り組みができる。	・様々な人との出会いが楽しくなる。
7. 可塑性	・自分を取り巻く人や環境の変化に適応ができるようになる。	・気軽に相談したり話せる関係になる。	・地域に貢献したいと思えるようになる。
8. 発展性	・様々な人との関わりや経験により、現実的な未来を考えられる。	・人の役に立ちたいと思えるようになる。	・地域の活性化につながる。

● エンパワメントのコツ

コツ	自分エンパワメント (個人)	仲間エンパワメント (相互)	組織エンパワメント (地域システム)
1. 目的を明確に	・自分がなりたいと思える夢を見つける。	・互いに認め合い、共に成長していける。	・地域の特色を生かした活動が出来る。 ・明るく楽しい地域となる。
2. 関係性を楽しむ	・様々な経験を通して、様々な職業に興味関心が生まれる。	・仲間と共に様々な経験をすることで充実感を味わう。	・地域との一体感が生まれる。 ・地域に広報、発信する。
3. 共感のネットワーク化	・自分の想いを表現出来る。	・仲間とのつながりが密になる。	・地域との信頼関係が築け、輪が広がる。
4. 心地よさの演出	・自分のやりたいことが出来る環境がある。	・仲間と共に経験する楽しさ、面白さを知ることが出来る。	・柔軟な対応が出来る。 ・地域での取り組みを理解する。
5. 柔軟な参加形態	・自分のペースで参加出来る。	・気軽に話し合え、協力し合える関係が出来る。	・様々な形で参加出来る。
6. つねに発展に向かう	・PDCAサイクルを確立し、日々の生活が充実したものとなる。	・仲間との関係が継続したものとなる。	・地域のニーズを把握し発展させていく。
7. 評価の視点	・自分の想いを実現し発展していくことで自信が持てる。	・互いの違いを認め合うことで更に発展出来ることを知る。	・地域と共に成長しているという実感が持てる。

事例7　いくつになっても現役！仲間づくり

● エンパワメント支援設計図

④影響要因

○地域高齢者
- 車輌の運転ができず、移動手段が徒歩または自転車の人が多い。
- 参加者同士の体力自慢となってしまう雰囲気がある（体調に自信がない人が不参加傾向）。
- ＊施設と地域老人会とのかかわりを定期的に行っていた。
- ＊定期的にイベント等の集会がある。

○地域高齢者の家族
- 多世代交流の機会が少ない。

○かかわりの要因
- 目的を理解しやすく誤解を生まない説明の仕方。

②現状

○望ましい傾向
- ＊地域に施設及び専門職の認知向上。
- ＊行政区内のつながり強化の機会を提供。
- ＊参加者自身の体力把握ができている。
- ＊法人内他施設が地域の若い世代との交流がある。

○改善すべき傾向
- 参加しにくい原因の解消。
- 物理的、心理的距離の解消。
- 参加者の固定化。
- 当施設では地域高齢者以外の世代の情報が把握できていない。

○気になる点
- スポーツクラブのような施設であると誤解されてしまうことがある。
- リハビリ機器の仲介業者的誤解。

①目標

【大目標①】
元気で尊敬できるかっこいい高齢者があふれる地域づくり。
【小目標①】
- 高齢者の知識や技術を次世代に継承する。
- 高齢者が自信を持ち生きがいにつながる。
- 若い世代が地域に対して誇りを持ち、他世代との絆を深めることで地域を好きになる。

【達成時期】
- 1年毎

【達成時の評価法】
- 法人研究所作成アンケート
- 聞き取り調査

【大目標②】
地域高齢者の介護予防
【小目標②】
- 地域高齢者が健康で自立した在宅生活を継続できるよう支援する。

【達成時期】
- 6ヶ月毎

【達成時の評価法】
- 法人作成アンケート
- 老年症候群の発生リスクを評価するツール

⑤支援方法

○情報交換ができる多世代交流の場をつくる
- 高齢者の知識（暮らしの知恵等）、技術（物づくり等）を披露。
- 地域住民の持つ暮らしの知恵を発表。
- 教育機関（学校等）を会場とすることにより若い世代の積極的参加を促す。
- 地域行事とコラボレーション。

○地域高齢者の介護予防
- 介護予防体操
- 自宅訪問（案内，相談）
- 体力測定
- 参加の心構えについて説明
- アンケート調査
- これまでの名簿を参考にして不参加者への声かけを実施

○行政とのネットワーク化
- 介護予防を必要とする地域高齢者を少しでも多く把握する。
- 地域の声を多く把握することで課題を見つけていく。

③背景

○地域高齢者の要因
- 高齢化
- 日中高齢者世帯が多い（就労している家族が多い）。
- 各地域に馴染みの集会場がある。

○地域環境の要因
- 農道が多い（道が狭い）。
- 自然災害が少ない。
- 自然が多い（田畑，森林）。

⑥根拠

- 簡単に老年症候群の発生リスクを評価するツール（おたっしゃ21検診：18項目の質問と3項目の運動機能測定）【東京都老人総合研究所】
- 法人作成アンケート
- 施設作成アンケート

＊は強み

● エンパワメントの効果

効果	自分エンパワメント （個人）	仲間エンパワメント （相互）	組織エンパワメント （地域システム）
1. 共感性	・社会とのつながりを実感。	・家族の絆が深まる。 ・仲間の健康を意識し合う。	・行政区内のつながりを強化。
2. 自己実現性	・健康の維持。 ・趣味（楽しみ）の獲得。 ・運動習慣・疾病予防。 ・心身機能向上。 ・自信を持ち続ける。 ・温存された力が発揮。	・人のために、自分が出来ることをしたいと思う。	・住み続けたい地域になる。
3. 当事者性	・地域に誇りを持つことができ、地域を好きになる。	・地域に誇りを持つことができ、地域を好きになる。	・地域に誇りを持つことができ、地域を好きになる。
4. 参加性	・社会での役割を実感。 ・社会とのつながりを実感。	・仲間とのつながりを実感。	・行政から目に見える形で状況が伝わる。
5. 平等性	・自信を持って参加できる。	・仲間の輪が広がる。 ・お互いを認め合う。	・地域全体が活性化してくる。
6. 戦略の多様性	・伝統という大きな枠組みでの活動なので、個人の持っている技術など様々な手段が使える。	・お互いの技術の違いから、技術に深みが増す。	・様々な世代による新しい提案が変革へのきっかけとなる。
7. 可塑性	・安全に安心して参加できる。	・高齢者にかかわらず誰もが安全に安心して参加ができる。	・地域の行事という認識になる。
8. 発展性	・客観的な結果を見ることで、自身の可能性を把握できる。 ・現実的な将来像を描くことができる。	・仲間や身の回りの人の健康を意識し合う。 ・人のために、自分が出来ることをしたいと思う。	・「生涯現役！引退ゼロ」のモデル地域となる。

● エンパワメントのコツ

コツ	自分エンパワメント （個人）	仲間エンパワメント （相互）	組織エンパワメント （地域システム）
1. 目的を明確に	・高齢者が活き活きと暮らす。	・住民にとって高齢者が誇りになる。	・住民が明るい未来を思い描くことができる。
2. 関係性を楽しむ	・高齢者にとって自尊心を高める機会となる。	・住民にとって高齢者が誇りになる。 ・家族の絆を深める。	・住民が地域に愛着をもつ。 ・住民が地域に誇りをもつ。
3. 共感のネットワーク化	・行政区内のつながり強化の場に参加する機会をもつ。	・多世代との交流の機会が多くなる。 ・新しい関係をつなぐ。	・団体単位での新しい関係をつなぐ。
4. 心地よさの演出	・伝統を伝え、知る機会をもつ。	・伝統を継承する。	・地域のすばらしさを理解し、伝統を重んじる住民が増える。
5. 柔軟な参加形態	・自由参加。	・多世代の参加が可能。	・団体組織間での参加が可能。
6. つねに発展に向かう	・参加者の状態推移やニーズを把握する。 ・「生涯現役！引退ゼロ」を目指す。	・「生涯現役！引退ゼロ」仲間を増やす。	・行政との連携を図る。 ・「生涯現役！引退ゼロ」地域を目指す。
7. 評価の視点	・体力測定の実施。 ・アンケートの実施。 ・全国値との比較。	・参加者平均記録と個人記録の比較。	・地域平均値と全国値との比較。

事例8　働く喜びご一緒に

● エンパワメント支援設計図

④影響要因
○地域住民や雇用者の障がい者に対する理解が未熟である。
・障がい者の自己理解が困難である。
・地域の人と障がい者が交流する機会が乏しいが，交流会を実施すると一定の理解を得られている。
・企業内への障がい者に対する職業適性の理解を得られている。
・企業内への障がい者に対する職業適性の理解を深めることで，本人に適した業務ができるようになる。

○環境整備
・企業で送迎バスを交通手段として確保することで，新規雇用障がい者が増える。

②現状
○望ましい傾向
＊障がい特性より，秀でた能力を持ち合わせている。
＊近隣中学校において，総合学習の授業にて雇用障がい者が学生を前に普段の業務を話す機会の場がある。
＊就労を希望する障がい者が増加している。
＊障がい者雇用を促進している企業がある。
○改善すべき点
・雇用障がい者と地域の人が交流する場や機会が乏しい。
・雇用障がい者に関する課題が多様化し一事業所では対応が困難な状況である。
○気になる点
・法定雇用率に満たない中小企業が多い。

①目標
【大目標】

働く喜び（達成感）をみんなで共有できる

【小目標】
○雇用障がい者の能力を最大限に理解する
・一人一人の雇用障がい者の能力を理解し，その方に合わせた業務の確立。
・雇用障がい者にとって働きやすい，職場環境の構築。
・地域の人と障がい者の交流を通して，障がい者への理解促進に努める。
・雇用障がい者が法人内雇用から一般企業へ。

○雇用障がい者の自己理解
・「こうありたい自分」の目標を定める。

【夢】
○雇用障がい者が主体となる事業
・雇用障がい者一人一人の能力に応じた業務を確立し，主体となる事業を目指すことで，社会の一員として役割を担う。また，地域の方から認められることで，やりがいや生きがいに繋げる。

達成時期：計画立案より5年以内
達成時の評価法：雇用障がい者への聞き取り

⑤支援方法
○雇用障がい者と地域の人との交流
・近隣中学校において「総合的な学習の時間」を実施し，雇用障がい者が自分の業務を伝える場を設ける。

○法人内から一般企業へ
・業務を細分化し，適正な業務を確立。
・雇用障がい者個々人の理解を深める為のツール（フェイスシート・チェックリスト）を活用し，本人にフィードバックする。
・他企業との職場体験（連携）を行い，個々に見合った職場を選択していく。
・法人内にて働く雇用障がい者の職能を開発し，一般企業へ繋げる取り組みを行う。また，抜けた部分を新規障がい者を雇い，循環し社会へ輩出していく。
・公的機関との連携。

③背景
○雇用側の要因
・障がい特性の無理解により，不適格な業務分掌となっている。
・環境の配慮不足。

○地域特性の要因
・K市における交通網が整っていない。

⑥根拠
・リファレンスサービス事例集
・統計
・障がい者雇用促進法

＊は強み

● エンパワメントの効果

効果	自分エンパワメント（個人）	仲間エンパワメント（相互）	組織エンパワメント（地域システム）
1. 共感性	・地域の活動へ参加することで、社会の中で自分の役割を認識することができる。	・障がい者と関わりを持つ時間が増えることで、障がい者を理解し、共感し合える関係性が生まれる。	・障がい者が地域の活性化の一翼を担うことで、障がい者への理解が深まり、多くの人に共感が得られる。
2. 自己実現性	・個々の適性に合った仕事を発揮することにより、生きがいや社会の中での役割を持つことを実感できる。	・障がい者のみならず、個々に適した職務に就く環境を整えることで、それぞれの自己実現に繋がるよう支援する。	・障がいの有無にかかわらず、地域住民一人一人が主体となる事業を展開することで、それぞれの自己実現が得られる。
3. 当事者性	・適材適所に配置された職場内では個人の役割が明確となり、仕事に対する責任が生まれる。	・個々が障がいの有無に関わらず誰もが働きやすい職場環境を考えることができる。	・地域住民一人一人が地域活性化の主体者として役割を担うことで、地域の将来について考えることができる。
4. 参加性	・自己実現に向けた主体的な参加となり、自己選択・自己決定の機会の場が広がる。	・互いの良さを引き出す仲間作りが展開される。	・地域において、人と人が繋がりある活動を目指すことで、お互いをかけがえのない存在として認め合い、個々が意味ある参加となる。
5. 平等性	・個々の適性に合った仕事をすることで、活躍する機会が平等に与えられるようになる。	・本人の強みを生かした環境（職務）を整えることで、誰もが平等に評価されるようになる。	・障がいの有無に関わらず、誰もが働きやすい・生きやすい環境になる。
6. 戦略の多様性	・一つの事業所に留まらず、個々に見合った職場に就くことができる。	・個々が繋がり、グループとなり、より質の高い取り組みをすることができる。	・人との繋がりから、一つの事業に留まらず、多種多様な事業への展開が図れる。
7. 可塑性	・個々が仕事に就くことで、社会の生産者として、還元することができる。	・共有したグループとなることで様々な発想が生まれ、発展した活動をすることができる。	・誰もが働きやすい・生きやすい環境が地域への活性化へと繋がる。
8. 発展性	・他者からの期待や共有することで、更に個人の夢が広がり、やりがいのある仕事や生活を送るようになる。	・グループ同士が繋がり合うことで、様々な分野で協力し合える環境となる。	・地域住民同士が繋がり合うことで、様々な分野で協力し合える環境となる。

● エンパワメントのコツ

コツ	自分エンパワメント（個人）	仲間エンパワメント（相互）	組織エンパワメント（地域システム）
1. 目的を明確に	・適正な職務に就くことで、仕事に対する楽しみややりがいを味わい、更なる夢の発展に繋がる。	・障がいの有無に関わらず、お互いがお互いの良さを引き出す関係性を築くことができる。	・地域において障がい者が働く環境がごく自然となり、誰もが生き生きとした人生を送ることができる。
2. 関係性を楽しむ	・就労のみならず、様々な分野に参加し楽しみ（喜び）を引き出せるよう支援する。	・障がい者の自己実現に向けた取り組みに関わることで、楽しみ（喜び）を共有することができるよう支援する。	・障がい者が地域行事へ参加する事や事業を一緒に展開することにより、楽しみ（喜び）を共有することで理解が深まる。
3. 共感のネットワーク化	・様々な分野に参加することで、地域住民と協働する機会が増え、喜びを共有し共感できるよう支援する。	・グループ同士が障がい者のみならず、個々の良さを引き出せる関係性を築けるようになる。	・地域の持つ力（地域住民）を最大限に生かし、障がい者を皆で支え合うサポート体制・チーム作りを行う。
4. 心地よさの演出	・様々な分野に参加する機会が増えることにより、地域住民との関わりも増え、新たな気づきが得られる。	・協働することで、共に悩み・喜びを得ることで、活動に対する刺激が得られる。	・地域の活性化に対し、地域住民が参加することで、いつも新鮮な活動へと繋がるよう展開する。
5. 柔軟な参加形態	・仕事に役割や責任をもつことで、自分のペースを築き、ゆったり無理なく活動することができる。	・メンバー間の役割や責任を明確化することにより、それぞれが無理なく活動することができるよう展開する。	・地域活性化への主体者として参加することで、ゆったり無理なく活動することができるよう展開する。
6. つねに発展に向かう	・仕事のみならず、様々な分野において、参加する機会が増えることで、新たな夢の広がりを支援する。	・様々な企業と連携を図り、流動的に障がい者が働けるよう展開する（適正な職務に就く）。	・地域住民一人一人がお互いを支えられる関係性を築けるようになる。
7. 評価の視点	・障がい者への聞き取り。 ①他者との共感 ②地域への愛着 ③周囲からの期待	・職場で関わる人への聞き取り。	・地域住民への聞き取り。

事例9　みんなちがって，みんないい

● エンパワメント支援設計図

④影響要因

○犯罪者に対するイメージ・先入観
・犯罪に至る背景に貧困や孤立がある。そもそも福祉的支援が必要であった人も少なくない。

○社会福祉施設の受入れ体制，サービス利用該当根拠の乏しさ
・再犯のリスク，責任追及への恐れ。
・各種手帳，障がい・介護認定，住民票がない等。
＊支援の必要性を理解し，柔軟に対応いただける行政，事業所がある。

○役割を見つける
・就労の機会，きっかけ作り。
・自己有用感を得る。
○地域の受入れ体制
・犯罪者が地域に戻ることへの抵抗感。
・「地域の人」として受け止める土壌作り。
＊地域特性に即したネットワークの活用。

②現状

【望ましい傾向】
○対象者の理解
・犯罪ではなく，生活歴に着目。
・再出発の支援。
＊積極的に矯正施設退所者の受け入れをしている事業所がある。

○事業の啓発，関係機関との連携
・定期的な会議，研修等の開催。

【改善すべき傾向】
○司法と福祉など，縦割り行政
・情報共有の難しさ。
○サービス利用の困難さ
・各種制度の壁，隙間。
○地域のネットワーク
・既存のネットワークの活性化。

①目標

【大目標】
誰もが安心して生活できる（居場所と役割）。

○対象者が地域で自立（安定）した生活を営む
・状態（高齢，障がい等）に則した住居の確保。
・必要な福祉サービスが受けられる。
・地域の中に相談相手が出来る。
・能力に則した仕事ができる。
・「ここに居ていい，ここに戻れる」という安心感を得られる居場所が作れる。
・人の役に立つ，必要とされている実感（役割）が持てる。
・対象者の支援者，理解者が増える。

○地域の課題解決力が向上する
・地域のネットワークの拡大，活性化。
・地域課題（孤独死，非行のたまり場，ゴミ屋敷など）を早期発見できる。
・複雑な課題に総合的な視点で課題解決に望む。

※○は中目標，・は小目標

達成時期：計画立案から3年後
評価法：各対象者，事業者への聞き取り研修会参加者へのアンケート等。

⑤支援方法

○対象者の支援
・信頼関係の構築，課題の共通認識。
・アセスメント，支援計画書の立案。
・伴走型支援。
○地域への支援
・関係機関への情報提供，情報共有。
・ケース検討会議等の開催。
・支援チーム構築のためのコーディネート。
・地域の更生保護団体との連携。
・地域と対象者の交流の場作り。
○司法福祉研修会等の実施
・事例紹介等を通して理解者を増やす。
＊積極的に理解しようとする支援者がいる。
・司法，福祉関係者との共催による研修への参加，研修開催。

○保護観察所，ハローワークとの連携
・保護観察対象者等の就労等協力，受入れ。

③背景

○犯罪者に対するイメージ・先入観
・怖い，再犯の恐れ，乱暴など。
○司法と福祉など，縦割り行政
・連携，協働が必要である。
＊司法と福祉の連携のための各種制度，政策が動き始めている。

○社会からの孤立
・人間関係の希薄化。
・生活課題の多様化，複雑化。

⑥根拠

・全定協ガイドブックの活用。
・社会福祉八法及び周辺法律。
・更生保護法。

＊は強み

● エンパワメントの効果

効果	自分エンパワメント （個人）	仲間エンパワメント （相互）	組織エンパワメント （地域システム）
1. 共感性	・人や社会との繋がりを感じられる。	・親族関係の再構築に繋がる。	・更生の機会が阻害されない地域になる。
2. 自己実現性	・安心して生活が出来るようになる。	・誰かの支えになることができる。	・誰もが安心して生活を送れる。
3. 当事者性	・自分らしい生活を営めるよう自ら考えられる。	・より良い生活環境を作る為に知恵や知識を持ち寄る。	・安心を感じられる地域をつくる。
4. 参加性	・自分らしさを発揮できるようになる。	・お互いの役割や能力が肯定される。	・全員参加で誰も孤立しない。
5. 平等性	・自分の能力を活かせる。	・各々の能力を活かせる機会がある。	・個々の違いを尊重することが出来る。
6. 戦略の多様性	・自分自身の理解が進み，興味の幅が広がる。	・相互に力を合わせて，様々なことに挑戦できる。	・様々な場面で，誰もが自分の可能性を拡げられる。
7. 可塑性	・自分を取り巻く人や環境の変化に適応できる。	・お互いに良い所を見つけられる。	・新たな価値観も柔軟に受け入れられる社会になる。
8. 発展性	・自分自身の理解が進み，自己効力感が膨らむ。	・人のために，自分のできる事をしたい。	・住み続けたい地域になり，誇りが持てる。

● エンパワメントのコツ

コツ	自分エンパワメント （個人）	仲間エンパワメント （相互）	組織エンパワメント （地域システム）
1. 目的を明確に	・自分らしく生きる。 ・自分の可能性を知る。	・対象者が安心して生活できる環境をつくる。	・誰もが安心して生活できる地域をつくる。
2. 関係性を楽しむ	・地域に出ることで自分の課題を知り，解決できる。	・対象者，関係機関との信頼関係ができる。	・信頼出来る地域となり，郷土愛が育まれる。
3. 共感のネットワーク化	・自分に関わる人が増える喜びを知る。	・様々な人，関係機関との繋がりができる。	・地域の中の点と点を繋げて線にし面にする。 ＊点は人や機関，資源。
4. 心地よさの演出	・自分の生活の見通しが立てられる。	・状況に応じてかかわりの頻度や密度を変える。	・地域の特性に合わせて進める。
5. 柔軟な参加形態	・自分のペースで進める。	・状況に応じてキーパーソンを変える。	・地域の特性に合わせて進める。
6. つねに発展に向かう	・安定して生活するための長期，中期，短期目標をつくる。	・生活課題の解決方法について一緒に考えられる。	・誰でも困った時に相談できる相手がいる地域になる。
7. 評価の視点	・自分の変化や可能性を知ることができる場をつくる。	・本人，関係機関合同の振り返りの機会を持ち，課題を共有する。	・地域のネットワークの広がりを会議，研修などで振り返る。

第7章
地域でともに生きる
——絆育むパートナーシップ

■1節 子どもからお年寄りまで，一緒に楽しむ多世代交流

1．支援概要

(1) エコ・リサイクル活動の歴史と概要

　2008年，筆者の所属する障害者支援施設において，エコ・リサイクル活動がスタートした。利用者の日中活動の一つとしておもに空き缶つぶしに取り組み，作業場の整備や作業機器の導入など，少しずつ規模を拡大してきた。

　活動開始当初は，施設内で捨てられる空き缶，利用者家族や職員が持ち込む空き缶を利用していたが，取り組みが軌道に乗ると，やがて缶の回収量が不足しがちとなる。これを解決するため，施設近隣の商店などから空き缶の収集を開始した。現在では4つの店舗，2軒の農家から定期的にリサイクル資源の提供を受けている。

　つぶした空き缶は回収業者に引き取ってもらい，収益金が生まれる。当初は参加利用者への還元（タオルや飲み物，ジャンパーなどの購入費）や設備充実に使用していたが，2009年に，その一部を利用し，地域で放置されていた花壇を復活させる。備品や苗の購入費を収益金から賄ったことで，利用者の地域貢献および社会参加につながり，今日まで続く地域貢献活動がスタートした。

　その後，地域貢献活動はさらに発展し，放置されていた雑木林の整備にも取り組む。暗く葉が生い茂った雑木林が見事な里山に姿を変え，野鳥のさえずりが心地よい，癒しの空間へと生まれ変わった。

　地域の協力者より提供されたリサイクル資源（空き缶や空きペットボトル）は，福

祉施設に入所する障がい者の日中活動を経て，地域を明るくするために役立てられるという循環を生み出した。

(2) 地域住民との協働実践

　2010年，法人主体の地域貢献活動から，地域住民を巻き込んだ協働実践へと発展する。活動参加者の募集も当初は思うように進まなかったが，地道な活動が少しずつ理解され，地元小学校や老人クラブ，里山づくりに取り組むNPO団体などとのつながりが生まれた。

　社会福祉法人のあり方や役割が問われるなか，われわれは社会貢献活動からさらに一歩踏み込んで，地域住民との協働に取り組んだ。

(3) エンパワメント実践と街おこしの展開

　協働実践から生み出された花壇や森林を交流のきっかけとして有効に利用する。子ども，障がい者，高齢者を含む地域住民が気軽に集える場所が，新たな交流やつながりを生み出す。

　特に子どもたちにとっては，日頃ふれあう機会がほとんどない障がい者や高齢者を深く知る貴重な機会となる。一緒に取り組むさまざまな活動をとおして，思いもかけない高齢者や障がい者の力を目の当たりにし尊敬の感情が芽ばえる。そして子どもたちが大人になり，高齢者や障がい者との共生があたりまえの地域が形成される。

　この循環型モデルを多くの地域住民と共有することで，花と緑と共生の精神があふれる街が生み出される。協働をキーワードに多くの人たちが参画した活動は，街おこしのきっかけにつながっていく。

2．エンパワメント支援設計

　エンパワメント支援設計図の大目標の①と②では，花壇づくりや森林整備の取り組みを通じて，新しい交流と仲間づくり，そして地域を愛する思いが生み出されることを期待している。特に森林整備活動によりできあがった里山は，子どもたちにとっては刺激に溢れた新しい外遊びの場となり，地域住民にとっては，風が通り抜ける，心地よい憩いの場となる。

　そして，大目標の③では，街中にあふれる美しい草花や憩いの森を大々的にアピールし，「癒しの街」をコンセプトに街おこしにつなげていく。

　多くの人が参画するこれらの取り組みにおいて，主役となるのは，やはり次世代を担う子どもたちである。少子高齢化と一世帯当たりの人数の減少に見る人口減少や核家族化は市の統計からも明らかである。都市部に比べれば，はるかに地域のつながりが強い当地においても，たとえば地域のお祭りを続けることなどが年々難しくなってきている。

　子どもたちと同居以外の高齢者との交流は減り，それ以上に障がい者との交流の機会は現状でもかなり限られている。これらの人たちにやさしい街をつくるには，子どもの頃から正しく相手を理解することと，親近感を持つことが重要と考える。

　次世代へいたわりや友愛の心を伝えること，そのような街を住民自身が誇れることを大切な目標の一つとして組み込み，達成を目指していく。

　　　　　　　　　　　→　事例10　（p.112）エンパワメント支援設計図参照

3．エンパワメントの効果

　本活動に携わる人びとは，年齢，性別はもちろんのこと，障がいの有無，社会経験，現在の所属団体と実にさまざまであり，エンパワメントの効果を考える場合，それぞれのグループごとに評価する視点が必要と考えた。最後に全体に共通する事項を加えて考察する。

(1) 老人クラブ会員への効果

　老人クラブ内や老人クラブ間での交流から，新たに地域の子どもたち，福祉施設に入所する障がい者や高齢者との交流が生まれる。また，仕事を定年退職し，社会の役に立つ機会を持ちにくくなったなかで，植栽活動や森林整備活動の場において自らの経験や知識が役に立つことが自己有用感（自分の存在を価値あるものと受け止められる感覚）の獲得につながる。社会的に弱い立場の人たちや未来を担う子どもたちのために自分が役に立っている，自分が必要とされているという感覚は，ますます健康で元気な毎日を送る支えとなる。

(2) 子どもたちへの効果

　同居以外の高齢者と接するなかで，自分たちが知らない知恵や技術（花の植え方，土の耕し方，森のつくり方，虫や鳥に関する知識など）に触れ，高齢者を敬う気持ちが芽ばえる。

　同時に，植栽活動や森林整備活動に使用した物品の購入費用が，障がい者，とりわけ重度の身体障がい者のリサイクル活動をとおして生み出されたことを知り，これらの人たちが持つ力や可能性に触れる。自分たちもできることをがんばろうという意欲が生まれ，子どもたちなりの地域貢献活動につながる。

　また，子どもの頃に抱いた高齢者や障がい者を敬う気持ちや自分自身が地域の役に立ったという経験は，自身が親となった時，次の世代へと受け継がれる。担い手が代わっても，途切れることなく活動が続いていく原動力となる。

(3) 地域住民への効果

　景観が改善されることで，安らぎや癒しを感じることはもちろん，きれいな町並み

からはゴミのポイ捨てなどがなくなる。そして，その変化が自分たちの地域を意識するきっかけとなり，それまであまり興味を持たなかった「地域づくり」への関心が芽ばえる。ボランティア活動の場を自ら求めるようになり，活力ある地域が生まれる。同時にそれは子どもたちの模範となり，清掃活動などのボランティアが多世代に渡って地域に定着する。

一人ひとりの力には限界があるが，それぞれに活動の場と役割を持ち，能力や特技が活かされ合うことで，何倍もの力が生み出される。

(4) 福祉施設入所者への効果

これまで社会参加の機会に恵まれなかった，特に長期間を福祉施設で過ごしてきた人たちが，リサイクル活動を通じて環境保護に貢献する機会を得る。さらに，そこで生み出された収益が今度は地域への還元（花の苗や活動に必要な物品の購入費など）に形を変えることで，社会参加の機会にもつながる。周りから感謝される経験は自信を生み，活動の意欲を大きく引き上げる。そして「私もこの地域の一員である」という意識を改めて持つことにつながる。

(5) 法人職員への効果

これまで自分たちが働く地域に関心を持つきっかけがあまりなかったが，地域貢献活動の意義が徐々に浸透し，実際に活動を経験していくなかで，自分たちが住む地域と同様の愛着が芽ばえる。

率先して地域の美化活動などに取り組むことで，自信と誇りが生まれ，前向きな気持ちや主体性が高まる。

(6) 全体に共通する効果

世代などの枠組みを超えた交流は，さまざまな経験や知識を持った人たちが交わり，それらが共有されることに意味がある。長所を認め合い，苦手な部分は補い合い，集団の結束が強まっていく。現在は花壇整備と森林整備が主たる活動であるが，集団の広がりとともに新しい地域課題が発見され，みなでアイディアを出し合いながら解決に向けた取り組みを進める。　　→　事例10　(p.113) エンパワメントの効果参照

4．エンパワメントのコツ

　これまでに得られた効果に今後期待される効果を加えてエンパワメントを引き出すコツを整理する。

(1) 目的を明確に

　活動に要する諸費用を全額法人負担とした場合，場合によっては単なる自己満足の活動ととらえられてしまう可能性がある。しかし，植栽活動や森林整備活動に要する各種費用は，地域住民より提供されたリサイクル資源を，福祉施設の日中活動を通じて現金化するという循環型のサイクルで生み出している。このことへの理解が得られているからこそ，リサイクル資源の提供が途切れることはない。地域の温かい理解が施設内の活動を支え，そこで得られた収益が地域のために使われるという理想的なモデルに結びついている。

　法人による一方通行の活動ではなく，あくまでも地域のつながりのなかで成り立つ，地域のみなが主役の取り組みであることを目的とする。

　そして，所属や障がいの有無などを超えた活動とするために，その内容はシンプルでわかりやすいものを設定する。現在取り組んでいる活動は「地域をきれいに，住みやすくする」という内容で多くの人から共感を得ている。自身がその取り組みのどの部分で力を発揮したのか，活動の足跡が目に見えることも，楽しみややる気の維持につながる。

(2) 関係性を楽しむ

　いきなり植栽活動や森林整備活動の実施を提案しても，地域住民の関心を引き付ける力は弱い。これらの活動と並行して，小学校であれば運動会や廃品回収事業への参加，障害者週間に合わせた作品展示の実施などに取り組み，老人クラブであれば，同法人の介護老人保健施設が実施するリハビリ教室や事業所の空き部屋を開放しての映画上映会の実施など，いくつものプロセスを経て今日にいたっている。

　そして，「自分はみなの役に立っている」という感覚は，そこに集うすべての参加者に共通している。「やればできる」「やってみたい」という意欲を引き出す活動を提案し，メンバー全員が心地よい感覚を味わえるようしかけをつくる。

特に，長い期間を福祉施設で過ごしてきた利用者にとっては，地域社会への貢献は非常に大きな意味を持っている。先天性の重い障がいをかかえた人，病気や事故である時から障がい者となった人，いずれの利用者においても，みなから必要とされ感謝されるという経験はハンディキャップをものともしない大きな力を生み出す。

活動を通して見えた参加者同士の長所，強みを互いに認め合うことで新しい絆がはぐくまれる。結束力の高まりは，街おこしという大きな取り組みを前に進めるためのパワーを生み出す。

(3) 共感のネットワーク化

活動で知り合った仲間は，むろん活動外でも仲間である。気軽に相談し合える，助け合える関係性がネットワークとともに広がっていく。共感でつながった仲間は一つのチームとなり，自主的な清掃活動，地域の困りごと対応，高齢者や子どもたちの見守りなど，お互いが地域でもっとも身近な「頼れる存在」となっていく。

(4) 心地よさの演出

植栽活動，森林整備活動とも，法人の利益ではなく地域住民にとって利益となる活動である。だれもがそのありがたみを感じられる内容であることは，参加の意欲を高めるうえで重要である。

上記を基本的な活動としつつ，当初設定した目標が適切か，新しい活動展開は考えられないか，率直に意見交換する場を設けて活動に刺激や楽しみを加えていく。

(5) 柔軟な参加形態

活動の規模，参加者の輪が大きくなるなかで役割分担が生じる。各参加者の立場を考慮し，おのおのが無理なく，長く活動に参加できるよう配慮する。活動に対する意欲もその時々で変化するため，中心となるメンバーはつねに参加者や地域の状況などを把握するよう努める。

(6) つねに発展に向かう

植栽活動や森林整備活動は一回限りで終わる取り組みではない。小学校，老人クラブ，法人職員，施設利用者，地域住民などに対して，半永久的に活動の場を確保する

ことが可能である。
　また，社会福祉法人が主体となる地域貢献活動および地域づくりのモデルとして，近隣市町村はもちろんのこと，全国どこででも実践が可能である。
　花と緑のあふれる街を新たなブランドイメージとして確立し，目標達成までのプロセスを通じてそこに集う人たちのエンパワメントを図っていく。

(7) 評価の視点

　参加者同士の定期的な振り返りを通じて，活動の目的がぶれないよう気をつける。また，新たに発見した地域の課題については，全員で内容を共有し解決策を見つける。
　法人が主となって開始した「地域づくり」の取り組みも，コーディネーターや中核メンバーなど主要な役割を少しずつ地域住民へと移行させていく。そしてそれまでの活動で把握した個人および団体の強みが最大限発揮されるよう，われわれは継続して側面から支える役割を担う。　→　事例10 （p.113）エンパワメントのコツ参照

　現在の社会貢献活動が定着するまでに，およそ5年間を要した。本節は現在進行形の取り組みや将来への展望を多く含んでおり，実現に向けた引き続きの努力が必要である。
　現在，日常的な花壇や里山の維持（水やり，下草刈りなど）には法人職員の力が欠かせない。さまざまな形で地域住民をさらに取り込みたいと考えているが，気軽に協力し合える関係となるまでにはもう少し努力と工夫が必要である。
　お互いさまの関係で，一緒に地域を明るく，楽しくするパートナーであるためには，相手をよく知ることが欠かせない。地域の人口構成はどのようになっているのか，老人クラブはどのような活動を行っているのかなど，多くの出会いのなかで少しずつ情報を得ていった。
　そして，地域で今後何が必要とされるのかを的確に把握し形にしていく能力，しかけをつくっていく能力がわれわれ社会福祉法人に求められている。これまで以上に地域住民の思いやペースを尊重し，楽しみを分かち合える活動展開を意識していきたい。

■2節 ●─● ずっと住み続けていたい街づくり

1．支援概要

　2008年3月に厚生労働省から「これからの地域福祉のあり方に関する研究報告書」が出ている。住民と行政の協働による「新たな支え合い」の重要性，住民の主体的な参画を促す「共助」のあり方が強調されている。

　そこでは，「地域は人々が暮らす場であり，子育てや青少年の育成，防災や防犯，高齢者や障がい者の支援，健康づくり，そして人々の社会貢献や自己実現など，さまざまな活動の基本となる場である」としている。その地域で「人々のつながりができ，地域のまとまりが高まると，自殺や非行などいわゆる逸脱行動が減るといわれており，地域社会を再生することは，現代社会が抱えているさまざまな問題を解決する有効な方法の一つでもある」としている。

　地域の実情に合わせ，住民とともに考え，住民が主体となることが肝要である。地域の住民の力を最大限に引き出すために，専門職の力を活用し，一緒に考え，行動することが求められる。住民と専門職，行政が協働することで，より大きな効果がもたらされる。

2．エンパワメント支援設計

(1) 目標

　大目標は住民自身が地域に関心を寄せ，地域の課題に取り組めるように「一人ひとりの力が発揮され，地域の力が向上し，支え合う地域になる」とした。小目標は，大目標を達成するために関係性が必要であるので「お互いの顔の見える関係」とした。

(2) 現状

　地域の中でも2代，3代前から住んでいる人が多い地域では，住民同士がお互いによく知っているため，つながりが強い。反面，転入者をなかなか受け入れない傾向があり，たとえば40年前から住んでいる人を「新住民」と表現し，地域のお墓に入れないということもある。老人会では，新しい人が入会せず，そのためさらに高齢化がす

すみ，活動ができず解散する老人会もある。また，一人暮らしの高齢者が他界したり施設に入ると，そのまま空家となってしまっている。社会資源では，地域にはNPOやボランティアがあまりない。地域住民は困りごとは役場や専門機関にという意識が強く，行政に対する過渡な期待がみられる。関係機関や専門職については，サービスの調整の際に，フォーマルサービスに偏る傾向があり，インフォーマルサービスを組み入れることが難しい状況である。地域住民は，フォーマルサービスが入ると専門家に任せたほうがいいと，これまで地域の人がやっていたことから手を引いてしまう傾向がある。法人としては，設立から42年がたち，地域との付き合いがある。

(3) 背景

少子高齢化で，人口が減っていく社会である。単身世帯の増加，家族と同居していても「個」の単位で生活をする現状がある。社会情勢としては，高齢者を狙った特殊詐欺が一向に減らず，地域から孤立したまま亡くなる事例など課題が多様化，複雑化している。

(4) 影響要因

支援により，地域住民は自ら知識を得ることで，自ら相談するなど解決することができるようになる。そのような個人が増えることでご近所や小グループの活動が活発化し，お互いのちょっとした助け合いや支え合いで解決できるようになる。地域全体で解決されるべきこと，災害のことなどは，行政と協働することができる。関係機関・専門職は，地域性を十分に踏まえた支援が展開でき，自助・共助・公助のバランス良い支援ができるようになる。そして，もともとある地域の資源を見つけ，必要であれば資源の開発をする。法人は，地域の人をイベントに招くばかりでなく，地域から依頼があって地域の行事に参加する。また，法人を「よろずや相談所」として活用されるようになる。

(5) 支援方法

「信頼関係の構築」のため，地域の価値観を十分に理解し，アプローチする技術が必要である。こちらが正論を話しても，地域の価値観や実状を踏まえなければ理解してもらうのは難しい。そして顔と名前が一致することが大切であるため，地域の一人暮らしの高齢者や高齢者世帯を中心に訪問し顔の見える関係となる。民生委員や老人

クラブ，自治会へアプローチし，関係をつくっていく必要がある。「地域との協働」に向け，地域が抱えている課題や問題を地域の人と共有し，一緒に解決や問題の軽減を図る。「関係機関との連携」では，捉えた地域の課題を行政機関や関係機関につなげ，課題を共有する。

(6) 根拠

さまざまな既存調査や当事者インタビューを活用する。

→ 事例11 （p.114）エンパワメント支援設計図参照

3．エンパワメントの効果

(1) 共感性

たとえば，個人が介護予防教室に参加した場合，その知識を得て，自ら介護予防ができるようになる。そして，知識を得ることで他者についても相談ができる（自分エンパワメント：以下「自分」とする）。介護予防の知識を得た個人が，小グループや近所に話すことで，その知識が共有され，周囲の人も介護予防ができる（仲間エンパワメント：以下「仲間」とする）。さらに，介護予防の知識を持った個人やグループが多数存在することで，地域全体が介護予防への関心が高まり，元気な地域になる。また，これらの過程のなかで出てきた課題を，行政等と共有する（組織エンパワメント：以下「組織」とする）。

(2) 自己実現性

たとえば，介護予防の知識をもって予防ができれば，生きがいや楽しみを見つける

ことにつながり（自分），その生きがいや楽しみを小グループで共有し，新しい仲間に出会え，つながりができる（仲間）。そして地域全体が活性化される（組織）。

(3) 当事者性

何か行動をしていくと，自分がそのなかでできることに気づき，役割となっていく（自分）。小グループでは，お互いの役割を理解し，尊重できるようになる（仲間）。そして，それらの役割が地域のために貢献できる（組織）。

(4) 参加性

たとえば，清掃活動で個人がしたことが，目に見える形としてきれいな道となり（自分），小グループや近所でそのような活動が継続され（仲間），地域全体に同じような活動が拡がる（組織）。

(5) 平等性

たとえば，清掃活動に気軽に参加でき（自分），小グループや近所で活動について皆が等しく知っており対等な関係で（仲間），地域全体が一緒に取り組むという意識になる（組織）。

(6) 戦略の多様性

地域にある資源を知ることにより相談することができ（自分），小グループでの活動が活発になるとそれ自体が資源の一つとなり（仲間），地域にさまざまな活動が活発になると資源の開発につながっていく（組織）。

(7) 可塑性

資源を知っていることで，自分の状況や仲間の状況について相談することができ（自分），同じ境遇で集まった小グループはお互いに支え合うことで置かれた状況から脱することができ（仲間），小グループ同士がつながっていくとネットワークが促進される（組織）。

(8) 発展性

自分の生活の中で「生きがい」を見つけつねに変化していく（自分）。小グループで活動していくなかでリーダー的な存在が出現し（仲間），地域ではリーダー的存在が数多く存在することで，地域の中で人財が育成されることになる（組織）。

→ 事例11 （p.115）エンパワメントの効果参照

4．エンパワメントのコツ

(1) 目的を明確に

一人ひとりの価値観を尊重しながらも，たとえばこれまで何でも行政頼りであったが，現在は「地域での支え合い」という地域で取り組みをする時代である，など新しい考えを理解してもらう（自分）。小集団に対しては，たとえば別な地域で取り組んでいる「地域での支え合い」の活動を紹介する（仲間）。地域性を踏まえながら，イベントやフォーラム，広報などを通し，広めていく（組織）。

(2) 関係性を楽しむ

小さくても達成できたことを言語化し伝えることで，自信を持てるようになる（自分）。その個人の達成した取り組みを報告する場を提供することで，小グループ内で共有される（仲間）。そして，広報等において地域へ発信する（組織）。

(3) 共感のネットワーク化

個人を共感が得られる小グループ等へ紹介する（自分）。異なる小グループ，たとえば一人暮らしのグループと男性そば打ち会，それをつなげると新しいつながりと発見があり（仲間），地域全体に活動の輪が広がる（組織）。

(4) 心地よさの演出

同じプログラムを長く継続するだけではなく，新しいプログラムを取り入れることが必要である。一方で，その新しいプログラムについていけない個人へのフォローをし，取り残されないようする（自分）。小グループなどの活動に新しいプログラムを導入し（仲間），ニーズに合わせて新しい活動を取り入れる（組織）。

(5) 柔軟な参加形態

　基本的に小グループへの参加は参加する人自身が自由に決めることができ，参加頻度も同様である（自分）。参加頻度は問わず活動でき，特に参加頻度が少ない人は参加しにくい気持ちになる傾向が強い。そのため，そのような人が参加した際には，参加のお礼を伝えるとともに，役割を担っていただく（仲間）。そして活動が長く継続できるように支援する（組織）。

(6) つねに発展に向かう

　個人が行っている活動が行き詰まらないように，つねに少し先の未来を想像できるようにする（個人）。小グループでの少し先の未来を想像し，それに応じた活動を提案，募集する（仲間）。これらの活動を地域に発信することで，他の地域でも同じように活動できる（組織）。

7．評価の視点

　活動を通して変化したことやできたことを一緒に振り返り，言語化する。これは評価につながる（自分）。小グループで活動を一緒に振り返り，共有する（仲間）。評価し共有したものは，活動の事例としての紹介とともに，他の地域で意味が見いだせることであるという普遍化をして，広報等で地域に発信し，それにより他の地域も同じ取り組みができる（組織）。　→　事例11　(p.115) エンパワメントのコツ参照

■3節　できることから一歩ずつ：復興地支援

1．支援概要

　豊かな自然に恵まれ，温泉の湧き出る日本は，自然の脅威に向き合う国でもある。有史以前から何回もの大災害に見舞われたが，そのつど人びとは助け合い，支え合って復興してきた。復興地支援のあり方は，今後の日本の発展の方向性を検討するうえで，重要な意味合いを持つ。東日本大震災から3年以上経過し，物質的な復興はもとより，精神面でのサポートの必要性が浮き彫りになっている。

　自殺者の増加が報告されるなど，パワーレスな状態（力を失った状態）に陥り，生

活の再建や地域の復興に向けて,困難を抱える事例が多い。

　本節では「すべての人,集団,社会の潜在能力や可能性を引き出し,ウェルビーイング(良好な状態)実現に向けて力づける環境づくり」をさすエンパワメントの枠組みで,被災地の復興に向けた取り組みについて概説する。

2. エンパワメント支援設計図

(1) 目標

　大目標として被災した地域の生活の再構築,小目標として笑顔と活力あふれる生活ができる,とした。この目標の達成時期を被災7年後とし,達成時の評価法はプログラム参加者への聞き取り調査,奨学生への聞き取り調査とした。

(2) 現状

　仮設住宅や災害公営住宅への転居,移動機会が減少し高齢者の生活不活発病の増大,人びとの移動が少なく交流がない,津波による被害で漁港や水産物の加工工場等が被災,若者が職を求め被災地を離れる,家族を失い家族形態が変化し家庭の機能や役割が変化,家屋の喪失にともない転居を余儀なくされ新しい人間関係の構築が必要となる,が課題である。

　反面,特に中高年者において地縁による人間関係が強固である,年代を問わず自らの地域の復興に関心が高い人が多い,地域の将来を案じ行動できる人がいることが強みである。

(3) 背景

　冬は積雪があり移動が困難な地域である。加えて震災により人間関係が悪化し，企業が震災による打撃を受け，雇用機会が減少した。一方，住民の中にキーパーソンが存在し，復興への強い思いがあり笑顔や元気のある人が多いことが，筆者らの支援活動より観察された強みと考えられる。

(4) あるべき姿

　高齢者支援を行うことにより，仮設住宅から災害公営住宅へ転居しても体操教室に継続的に参加し，活動量が増え，自立した生活が維持でき，親世代に代わり若者の育成に携わることができるようになる。

　若者支援については，雇用の創出により，若者が住み続けられる活気ある地域となり，笑顔があふれるようになる。教育機会を提供することにより，長期的な地域の復興を担える人材となる。

　また，地域の移動手段を整備することにより，一人ひとりの活動範囲が広がり，新たなネットワークが構築される。地域の復興に関心の高い人に対して，さまざまな知識や技術を供与することで，地域住民がエンパワーされるようになる。

　あるべき姿を具現化するために，5つの分野にわたり11の具体的な支援方法を検討した。

1) 地域の未来を担う若者支援

　若者は地域の未来を担う存在である。特に，被災した地域を一つの地域システムと捉えた時に，若者に元気があると，地域をより強い力で推進することができる。若者が学業に専念できるよう，奨学金を供与する

2) 高齢者の自立と役割の創出

　高齢者は支援を受ける対象ではなく，エンパワーできれば地域の復興を担う存在となりうる。被災地では若者離れが進行している。高齢者が自立した生活を送ることが，被災地の復興にさまざまな波及効果を及ぼす。

　①元気高齢者による託児，放課後預かり施設を開設する。
　②リハビリ専門職がオリジナル体操を持ち込み，高齢者対象の「体操教室」を小地域対象に開催する。
　③災害公営住宅に転居した人を対象に，体操教室を開催する。

④皆が集う商業施設に出向き，体操教室，介護教室や栄養指導を行う。
⑤仮設住宅や集会所等に，さまざまな人が使用できる遊具や運動機器を設置する。

3）雇用の創出

　雇用は，雇用された人に経済的な収入の機会や自立の機会を与えるだけでなく，他者とのかかわりの機会や，地域が活性化する契機となりうる。地域住民の雇用が創出されると，そこからさまざまな波及効果が生まれる。その意味で，雇用の創出は非常に重要である。

①自家用車を所有する未就労者を雇用し，地域住民の移動手段となるよう，交通会社を起業する。
②若者を中心に，漁業を6次産業化した法人を設立し，さまざまな性別，年代の人を雇用する。

4）教育機会の創出

　教育は個人に与える影響にとどまらず，社会に与える影響が大きい。進学率の上昇による労働者の質的向上が経済成長を押し上げる効果があることが指摘されている。個人への教育の機会の創出が，さまざまな形で社会に還元される。

①総合大学とのコラボレーション，教員，学生によるさまざまな内容の市民講座を開催する。
②市民講座の参加者同士が協同し，学習した内容を活かし，さまざまなタイプのボランティア団体，NPO法人，会社を創設し，活動する。

5）地域への刺激策

　地域が閉じられたシステムとなってしまうと，閉塞感が漂い，パワーレスな状態の

負の循環が断ち切れない。そのため，地域を開放し，さまざまな人びとの流入を歓迎することで，開放された地域システムとしてエンパワーすることができる。仮設住宅を改装し公営住宅にし，幅広く県外からの移住者や外国人を受け入れ，インクルージョンする。

なお，支援方法は５つの分野に分かれているが，互いがそれぞれに関連し合っている。

→ 事例12 （p.116）エンパワメント支援設計図参照

３．エンパワメントの効果

(1) 共感性

元気高齢者による託児・預かり施設の開設や体操教室の開催，漁業を６次産業化した法人の設立等で，住民間で交流が活発になり，復興に向け共感し合うことができる。また，交通会社を起業し住民の動きが活発になり，地域が活性するという効果が得られる。

(2) 自己実現性

交通会社の起業や漁業を６次産業化した企業・法人の設立等，雇用を創出し，住民がそれぞれの部署で自身の適性を発揮しながら活躍することができる。また，若者が奨学金を得て夢の実現に向けて歩み出せるとともに，市民講座の開催で学んだ者同士が学んだことを活かして地域を盛り上げることができる。

(3) 当事者性

災害公営住宅や仮設住宅等での体操教室の開催，遊具や運動器具の設置等により，高齢者が自身の問題として生活不活発病予防に取り組むことができる。また，託児・放課後預かり施設の開設により，元気高齢者が仲間の問題として若者世代の育ちを考えることができる。

(4) 参加性

交通会社の起業や漁業を６次産業化した企業・法人の設立に参加し，役割が得られ，参加した人びととの生活が活性化する。また，市民講座の参加者同士が協同し，さまざまな団体や法人，会社を創設して活動し，地域の未来を主体的に考えられるようになる。

(5) 平等性

　市民講座を開催し，だれもが平等に教育の機会を得る。また，災害公営住宅や仮設住宅等での体操教室の開催，遊具や運動器具の設置等により，住居の種別を問わず平等に運動の機会を得ることができる。

(6) 多様性

　さまざまな内容の市民講座を開催し，幅広い学びの機会が得られるとともに，さまざまな住民が自身の持つ力を発揮できる。また，総じて被災する前よりも多様な活動が地域で展開されるようになる。

(7) 可塑性

　幅広く県外からの移住者や外国人を受け入れ，柔軟な発想で住民同士が支え合うことができる。

(8) 発展性

　交通会社の起業や漁業を6次産業化した企業や法人を設立し，地域住民が将来にわたり職を得られ，地域が経済的に発展する。また，さまざまな内容の市民講座を開催し，若者が奨学金を取得して，地域発展に貢献できる。

→ 事例12 （p.117）エンパワメントの効果参照

4．エンパワメントのコツ

(1) 目的を明確に

　被災地の支援にあたり，すべての人が共有すべき価値は「当事者のウェルビーイング」である。被災により多くを失ってしまったが，だからこそ価値を共有し，皆が同じベクトルで進むことができると信じ，具体策について十分に説明し実現していく必要がある。

(2) 関係性を楽しむ

　物理的な支援にとどまらず，生活する人びとの支え合いや助け合いなど，関係性をサポートすることが重要である。精神面での動機づけや豊かさを共有するため，起業

などのさまざまな対策に対し，主体的にかかわれるよう支援する。

(3) 共感のネットワーク化

具体的な活動を通じ，他の住民とつながり，近親感を得られるよう支援する。反面，県外からの移住や外国人の受け入れの促進により，緊張感を持つことができ，そこに生活する人びとの生活を活性化することができる。

(4) 心地よさの演出

被災地は，他地域と比べ，季節による生活環境の変化が大きい。生活再建に向け，個人のペースで活動にかかわれるよう支援することはもちろんであるが，季節による緩急のリズムに配慮しながら活動を展開する必要がある。

(5) 柔軟な参加形態

目標の実現は，一朝一夕になせるものではない。10年，20年先の将来を見据え，活動を展開する必要がある。必然的に，活動のペースはゆっくりにならざるを得ないが，いつでも自身のペースでかかわれるようつねに門戸を開いておく。また，活動への参加のタイミングを見逃さないよう，支援することが重要である。

(6) つねに発展に向かう

教育には個人に与える効果と社会に与える効果の両面がある。しかしその効果が目に見えるようになるには，相当な時間も要する。若者への奨学金の供与や市民講座の開催を通じ，長期的な視野に立ち，将来を見据えた教育の機会を提供する。

(7) 評価の視点

被災地の復興や，被災した人びとの生活の再建に向け，長期的な視野で支援を行う必要がある。活動に参加している人びとの動機づけに向け，定期的に活動の成果を振り返る機会を設ける。また過去よりも現在のほうが，生活の質が高まっていることを実感できるよう支援する。　→　事例12　(p.117) エンパワメントのコツ参照

■ 4節 ●━● パートナーシップに当事者の生の声を活かす

1．概要

　地域でともに生きるというパートナーシップの推進には，当事者の思いを活かすことが欠かせない。地域在住高齢者と保健福祉専門職の「なまの声」からニーズと展開のあり方を把握し，パートナーシップの実現に必要な条件を検討した。

2．展開方法

　対象は，①健常高齢者11名（健常高齢者グループ），②介護予防に関心のある地域住民8名（介護予防グループ），③法人に所属する保健福祉専門職6名（専門職グループ）の3グループである。

　フォーカス・グループインタビュー法を用いた質的研究を実施した。インタビュー内容は，地域在住高齢者へは，①地域の特色や自慢できること，②生活するうえでの希望や要望，③地域への世代を越えた交流へのアイディアとし，専門職へは，①日頃の業務における地域とのかかわりとその中で工夫していること，②地域の高齢者との交流の展開可能性，③地域での多世代交流の展開可能性についてのそれぞれ3項目とした。

　ICレコーダーに録音された記録から，正確な逐語録を作成した。観察記録による参加者の反応を加味し，複数の分析者で確認しながらテーマに照合して重要な言葉（重要アイテム）を抽出した。

　高齢者グループでは，住民ニーズに関する課題や今後の方向性を明らかにするため，抽出した重要アイテムについて個人，相互，地域の関係が明確なシステム構造分析を用い類型化した。各グループの重要アイテム，重要カテゴリーをマトリックスの形に整理し，複合分析を行った。専門職グループでは，地域支援を展開する方向性を明らかにするため，コミュニティ・エンパワメントの7つのコツ（安梅，2005）を用いて類型化した。

3．成果

(1) 地域在住高齢者のニーズ

1) 個の領域

①自己実現

　いきいきと生活するためには地域での積極的な活動や役割を持つことが重要であり，他者への共感や見習う姿勢が必要である。また現在の生活環境への愛着と満足感を持ち，住み慣れた地域での生活を望んでいた。

②ニーズの変化

　生活環境が豊かになる反面，若年層との生活様式の違いに戸惑いが生じていた。また継承してきた風習が敬遠される状況や，地域での行事が減少することへのさびしさが訴えられた。

2) 相互の領域

①世代間のかかわり

　家庭内のかかわりの希薄化や子どもの減少が進行するなか，子どもとのかかわりが求められ，登下校時のあいさつや見守り活動，小学校での多世代交流などの活動によるかかわりの機会が必要とされていた。

②教育，しつけ

　家庭，学校，地域の役割と課題について，世代間でのかかわりを通じた社会性の教育が必要である。

3) 地域システムの領域

①生活環境の特徴

　肥沃な土地があることから農業が盛んであり，生活と精神面でのささえとなっている。一方，公共交通機関が乏しく，移動手段確保が必要とされていた。

②地域とのかかわり

　地域での役割があることと顔の見える関係であることの大切さ，行事などの交流機会が望まれていた。

③福祉サービスの充実

　健康への関心と老後の不安と，現在の福祉サービスへの満足感と期待がある。さらに今後安心した老後の生活を送るうえで，福祉サービスが重要である。

(2) 専門職支援の展開可能性

1) 目的を明確に

　地域の現状とサービスの現状を理解したうえで価値観およびニーズを把握することが重要である。地域とのかかわりを大切にした支援が必要である。

2) かかわりを楽しむ

　対象者の生活背景を理解し，対象者との多様な関係性を構築するためのコツや，楽しむ視点を持つ。

3) 共感ネットワーク

　対象となる機関や住民との交流において，相手側の取り組みに同調，共感することや達成感を生み出すアイディアがあげられた。また他者とのかかわりが乏しい住民への対策が課題である。

4) 心地よさの演出

　地域での交流活動の特徴を把握し，関心を持つテーマや課題を提案することが必要である。

5) 柔軟な参加形態

　事業や活動への参加を促進するうえで，小規模なものを数多く継続して実施する。また以前と現在では参加形態が変化したことから，対象者の特徴を把握する。

6) つねに発展する

　継続，発展を目指すうえで，ニーズの変化に対応することへの戸惑いがあるため，専門職を活用した取り組みが求められる。

7) 評価の視点

　地域住民が健康で安心して暮らせる地域づくりへの貢献と，専門職としての役割と仕事へのフィードバックが評価により得られる。

4．まとめ

　本節では，地域でともに生きるパートナーシップ構築へのニーズとあり方について検討した。

　高齢者からは，①他者とのかかわりのなかでより充実した生活を望んでいること，②世代間のかかわりが重要と認識されつつもその機会が減少している可能性があること，③地域生活の維持への意識と地域住民のかかわりを再構築するための支援が求め

られていることが示された。

　専門職からは，①ニーズ把握への高い意識，②当事者との関係形成のコツ，③交流への積極的な提案，④参加様式の変化，⑤地域住民および専門職へのフィードバック，などが専門職に必要であることが示された。

　星・桜井（2012）はコミュニティにおける社会的サポート・ネットワークを構築するための支援環境として，個人の生活スタイルだけでなく家族や学校，職場，地域を視野に入れることの重要性と公的責任が不可欠であることを報告している。

　資源および専門技術を活用した実践が，高齢社会の活性化を促し，生涯発達の視点からコミュニティ・エンパワメントを推進する拠点となる。人と人のつながりに基づく地域ケアシステムの再構築に，継続的に寄与することが求められる。さらに昨今高まる健康長寿や子育て支援，当事者主体の支援ニーズに応え，地域住民と専門職が協働して遂行する生涯に及ぶ生活教育，地域サービスの質向上に資することが期待される。

事例10　子どもからお年寄りまで，一緒に楽しむ多世代交流

● エンパワメント支援設計図

④影響要因

地域の高齢者（老人クラブ）
・元気な高齢者は既に社会的役割や活動の場を持っている。
＊80歳以上の高齢者も社会参加の意欲を持っている。

施設入所者（障がい者・高齢者）
・入所期間の長い人ほど，地域に対する関心が薄れ，新しい活動への参加意欲も低下しやすい。

＊元気な人，意欲のある人が皆無ではない。
＊作品展示や交流会などで，地域とのつながりを長年維持している。

子ども
・塾や習いごとの時間が増え，外遊びに使える時間が減少した。
・障がい者が身近な存在でない。

②現状

○望ましい傾向
＊昔から住んでいる住民が多く，いわゆる「顔見知り」が多い。
＊住民同士の結束は強く，子どもや高齢者を地域全体で守ろうという意識が高い。
＊子どもたちが素直で感性豊か。

○改善すべき点
・子ども，高齢者，障がい者が交流する場や機会が乏しい。
・気軽に集える場所がない。
・手入れの行き届いていない雑木林が多く，防犯などの観点で課題がある。

○気になる点
・老人クラブ会員の高齢化。
・地域行事の担い手の不足。
・小中学校の児童数減少。

①目標

『花と緑が紡ぎ出す　笑顔と共感の街づくり　～みんなが主役の多世代交流～』

【大目標①】放置花壇の復活とその後の維持を通じた仲間作り・多世代交流・郷土愛の醸成。

【小目標】
・協働を通じて，参加者同士の連帯感を引き出す。
・美しい景観の維持により地域に潤いをもたらす。
・環境美化活動への参画を通じて，郷土愛の形成や強化につなげる。
・福祉施設に入所している人たちにとって，貴重な社会参加の機会となる。

【大目標②】森林整備を通じた多世代協働と居場所づくり。

【小目標】
・子どもたちの新たな遊び場づくりや地域住民の憩いの場づくり。
・地域住民の郷土愛に訴えかけ，一緒に整備を行うことで地域の活性化につなげる。
・暗く葉が生い茂った雑木林を整備することで，防犯や交通事故防止にも一役買う。

【大目標③】本実践を体系化して近隣市町村などに広め，「花と緑の街」，「癒しの街」として街おこしへつなげる。

【小目標】
・整備した森林が交流のツールとして機能する（森の働きに関するワークショップ，間伐木材を使用したオモチャづくり，アスレチック遊具の設置，体操の実施など）。
・子どもの頃から高齢者や障がい者が身近な存在となることで共生の視点が根付く。
・高齢者や障がい者に優しい町ができ上がるとともに住民自らが誇れる町となる。

達成時期：計画立案から5年後
評価法：プログラム参加者への聞き取り
　　　　森林などの活用状況評価

⑤支援方法

○放置花壇の再生
・活動計画の立案。
・近隣の学校および老人クラブへの意向徴取。
・道路管理課（行政）への花壇管理状況の確認と活動計画の伝達。
・活動資金の準備。
・職員および利用者の意識づけ。
・花農家との協力体制の構築。

○雑木林の整備（里山作り）
・活動計画の立案。
・森林整備に関する専門的知識を得る。
・地権者に理解を得る。
・得られる効果の検証。
・活動資金の準備。
・ボランティアを募る。
・職員の意識づけ。
・遊具設置の検討。
・森遊びの指導者探し。
・幼・保育園，小中学校との連携体制作り。

③背景

○地域の世帯構成の要因
・核家族化と少子化。
・高齢者世帯における外出の困難性。

○福祉施設の要因
・奥まった立地のため，地域との交流が持ちにくい（閉鎖的なイメージ）。

○地域特性の要因
・交通網が未整備（移動はバスが中心）。
・産業構造の変化（第一次産業の衰退）。
・子どもの遊び場が少ない。

⑥根拠

・地元小学生へのアンケート。
・老人クラブメンバーへの聞き取り。
・先生や近隣住民への聞き取り。
・『統計 古河（H25年度版）』

＊は強み

● エンパワメントの効果

効果	自分エンパワメント（個人）	仲間エンパワメント（相互）	組織エンパワメント（地域システム）
1. 共感性	・自身が持つ能力や可能性を認識する。 ・高齢者や障がい者の持つ技術や能力に対する尊敬の感情が芽ばえる。 ・地域への愛着が生まれ，活動を通じて強化される。	・活動の中でそれぞれのメンバーが持つ特技や能力が発揮される。 ・手助けが必要な部分を補い合う。 ・お互いの良さを知ることで尊敬の念や親近感が生まれる。	・地域を明るくする活動や交流活動に参加することで，自分達の住む地域を好きになる。 ・自発的に新たな活動が生み出される。
2. 自己実現性	・自身の経験などが社会の役に立つことに喜びを感じる。 ・リサイクル活動の収益が地域へ還元されることで，施設入所者が社会参加の機会を得る。	・持ち味を発揮して地域に貢献する姿がメンバー相互に刺激となる。 ・様々な知識や技術の共有が進む。	・地域の課題解決に向けた率直な意見交換が繰り返される。 ・地域の発展を真剣に考える住民が増える。 ・能力や特技を地域の発展に還元しようとする。
3. 当事者性	・リサイクル活動が土台となることで，地域貢献活動の動機づけが明確になる。 ・地域づくりに対する誇りが生まれ，モチベーションや存在意義が高まる。	・メンバー間での声掛けやフォローが深まる。 ・チームであることの意識が芽ばえる。	・活動の輪と理解が，より広域へと広がる。
4. 参加性	・活動への参加をとおして，達成感や満足感を得る。	・メンバー間で活動成果の共有やフィードバックを繰り返す。	・多くの住民の郷土愛の高まりが，街おこし活動へとつながる。
5. 平等性	・各メンバーが，それぞれの能力などに応じた役割と活動の場を持つ。	・メンバーの能力や特技が発揮される機会を，お互いに保障する。	・全員参加の意識で活動を発展させる。
6. 戦略の多様性	・リサイクル活動をきっかけとし，花壇整備活動，森林整備活動へステップアップを図る。	・それぞれの活動に長けた人たちの参加により，さらに質の高い取り組みへとつながる。	・新たな仲間との出会いがさまざまなアイデアを生む。 ・知識や技術の伝承が行われる。
7. 可塑性	・「地域の役に立った」という経験が，次世代へと受け継がれる。 ・活動の担い手が代わっても，取り組みは途切れない。	・共感に基づいた連帯意識が，将来に渡ってグループの結束を高める。	・柔軟かつ多様なアイデアが生まれ，変化を繰り返しながら活動が発展する。
8. 発展性	・年齢や所属などの枠組みを超えた交流が持続する。 ・リサイクル活動をベースとすることで，循環型のモデルが確立する。	・交流をとおして，新たな価値観の醸成や地域課題の発見につながる。	・多様なメンバーとの交流は，常に新鮮で刺激のある関係を生み出す。

● エンパワメントのコツ

コツ	自分エンパワメント（個人）	仲間エンパワメント（相互）	組織エンパワメント（地域システム）
1. 目的を明確に	・活動の足跡が目に見えることで，モチベーションが維持される。	・全ての活動の原点となるリサイクル活動を，地域住民が協力して支える。	・年齢の違いや障がいの有無などを超えて，共感・共有されやすい活動および目標を設定する。 ・地域のみなが主役となる活動を目指す。
2. 関係性を楽しむ	・皆の役に立つという経験を通じて「やってみたい」という意欲を引き出す。	・複数の活動を展開し，なるべく多くの交流の場を設ける。 ・同じ時間を共有することで，楽しさや心地良さを感じる。	・信頼関係や結束力の高まりは，より大きな活動（街おこし）への原動力となる。
3. 共感のネットワーク化	・活動を通じて，新しい仲間たちとつながる。	・つながりや安心感が，気軽に助け合える関係性を生み出す。	・地域の困りごとなどの解決に向けて，これまでに培ってきたネットワークが有効に機能する。
4. 心地よさの演出	・だれもがありがたみを感じられる活動は，参加の動機づけを高める。	・定期的な活動内容の振り返りを行い，目標の到達度をみなで確認する。	・多くの意見が集約され，変化に富んだ，新しいプログラムが提起される。
5. 柔軟な参加形態	・おのおのが役割を持って活動に参加する。	・メンバー間の役割分担を整理する。 ・お互いの立場に配慮した役割分担を行う。	・各メンバーのモチベーションにも配慮する。また，地域の情勢なども注意して観察する。
6. つねに発展に向かう	・地域がフィールドであり，半永久的に活動の場を確保することが可能。	・目標達成までのプロセスを通じて，メンバーのエンパワメントを図る。	・ノウハウを体系化し，多くの団体と共有する。 ・多世代交流による地域づくりモデルとして，全国へ取り組みを広める。
7. 評価の視点	・定期的な振り返りを実施し，活動の意義を再確認する。	・活動の相互評価を通じて，課題の共有と解決策をメンバー全員で見出す。 ・個人および団体の強みが最大限発揮できる環境を整える。	・地域で潜在化している課題を見つけ出し，解決に向けたメンバーの積極的な参画を引き出す。

事例11　ずっと住み続けていたい街づくり

● エンパワメント支援設計図

④影響要因

◎地域住民
- 自ら相談する、ちょっとした助け合いをする、孤立化しない。住んでいて良かった、と思える。
- ご近所の付き合いが活発になる。小グループができ活動する。
- 地域で解決できないことや、災害など広域にわたる課題は、行政と協働する。そして、政策提言する。

◎関係機関・専門職
- 地域を念頭に置いた支援が展開でき、地域と双方向の関係になる。
- 要援護者・要介護者に対して、自助・共助・公助のバランスのよい支援をする。
- 関係機関間で連携、協力する。
- 地域の力（資源）をみつける、つなげる、つくる。

◎法人
- 地域の行事などに、協力依頼がある。
- 当法人がよろずや相談所として機能する。
- 地域を支援するソーシャルワークスキルが向上する。

②現状

◎地域について
- 転入者（生活歴が異なる・文化が異なる）は孤立化しやすい。
- ＊昔から住んでいる方が多い地域は、住民同士がお互いに良く知っている。
- ボランティアやNPOの層が薄い。
- 高齢化で解散している老人会がある。
- 空き家が増えている。
- 行政（公助）に過渡な期待がある。
- 制度の狭間の問題がある。

◎関係機関と専門職について
- 専門職は、要介護者に支援が偏り、ファーマルサービスに偏っている。
- ＊当法人に、地域と行う活動がある。
- ＊昭和45年設立のため知っている人が多く、付き合いが長い老人会や自治会がある。
- 地域の文化や価値観の理解が不十分。
- 制度が縦割りのため、複数の課題を抱えた家族に対して、関係機関の連携が不十分である。
- 地域を支援するためのソーシャルワークスキルが不足している。

①目標

◎大目標：一人ひとりの力が発揮され、地域の力が向上し、支え合う地域になる。

◎小目標：お互いの顔の見える関係

◎評価時期：年度末（1年ごと）

◎評価法：地域の方へのアンケートやインタビュー

⑤支援方法

◎信頼関係の構築
- 生活圏域の地域の価値観を理解する。
- 生活圏域のひとり世帯、高齢者世帯を中心に訪問する。民生委員、老人クラブや地域の小グループ、自治会と関係をつくる。

◎地域との協働
- 地域の課題を抽出し、共有する。地域の方と課題に取り組む。
- まずは地域で心配な方のささえ合いマップを、地域の方とつくる。
- 介護やひとり暮らしなど同じ課題を抱えた当事者の小グループをつくる。役に立ちたいという意欲のある方の（ボランティア）グループをつくる。
- 空き家を利用し、ボランティアや小グループの活動拠点にする。
- 当法人の行事に参加いただき、また地域の行事（掃除や祭）や小グループの活動に参加する。

◎地域へ発信
- 地域の方向けて、テーマに応じて専門職による講座を開催する。その際に、自助・共助・公助の講話をする。また、自治会、老人クラブなどに専門職を派遣する（特殊詐欺、健康、介護、介護予防、認知症予防、終活のことなど関心の高い内容）。

◎関係機関との連携
- 地域の課題を、関係機関や行政と共有。
- 地域の課題を、関係機関につなぐ。

③背景

- 社会構造の変化
  少子高齢化（高齢化率25%）
  人口減少
  単身世帯・高齢者世帯の増加
  外国人の微増
- 社会情勢
  高齢者を狙った犯罪の増加
  孤立化を主な原因とする問題
  （孤立死、虐待、高齢者の犯罪増）
  介護離職者の増加
- 課題の多様化、複雑化

⑥根拠

- 社会福祉法
- 介護保険法
- 地域包括ケアシステムの構築
- ソーシャルワークの定義
- 地域包括ケア研究会報告書
- 新しいコミュニティのあり方に関する研究会報告書
- 各地域で行われている住民同士の支え合いの実践事例
- 支え合いマップの作成
- これからの地域福祉のあり方に関する研究会

＊は強み

● エンパワメントの効果

効果	自分エンパワメント （個人）	仲間エンパワメント （相互）	組織エンパワメント （地域システム）
1. 共感性	・各教室，講座などで知識を得，自ら解決，予防することができる。 ・他者のことを，気にかけ相談できる。	・個人が得た知識などを，小グループや近所で，共有し，活用することができる。そこで，情報交換する。	・知識を得た個人が，地域に多数存在する。 ・地域の課題を関係機関や行政と共有する。協働する。
2. 自己実現性	・自らの課題を解決する。予防する。 ・生きがいや楽しみを見つけることができる。	・左記のことを小グループで共有することで，新しい出会いが生まれる。	・歳を重ねても，楽しみを持った人があふれる地域になる。
3. 当事者性	・自らの役割に気づき，行動できる。	・小グループ内で，お互いの役割を理解し，尊重することができる。	・複数の小グループが集まることで，地域全体の課題に取り組みやすくなる。
4. 参加性	・役割を積極的に遂行することで，充実感を得ることができる。 ・帰属意識が芽生える。	・遂行した役割を認め合うことで，更なる充実感を得ることができる。	・誰もが役割をもって参加できる，地域になる。
5. 平等性	・抵抗なく，積極的に取り組むことができる。	・メンバーが増え，つながりが拡がる。	・地域が，一緒に取り組む意識になる。
6. 戦略の多様性	・資源を知り，相談することができる。	・小グループでのさまざまな活動が活発になる。	・様々な活動を行う小グループが存在し，資源の開発につながる。
7. 可塑性	・自分の状況に合わせ，資源を活用することができる。	・同じ立場（境遇）の仲間で，支え合う。前向きになる。	・地域内で，ネットワーク化がすすむ。
8. 発展性	・生きがいを見つけることができる。	・リーダーが出現する。	・地域に，人材が育成される。

● エンパワメントのコツ

コツ	自分エンパワメント （個人）	仲間エンパワメント （相互）	組織エンパワメント （地域システム）
1. 目的を明確に	・一人ひとりの考えを尊重しながら，新しい考えを伝える。	・小グループの考えを尊重しながら，新しい考えを伝える。	・地域の考えを尊重しながら，新しい考えを伝える。
2. 関係性を楽しむ	・目標までの達成した小さな目標を言葉で確認する。	・達成したことを報告する場を提供する。	・地域に広報，発信する。
3. 共感のネットワーク化	・共感できる，小グループ（場）を提供する。	・異なる小グループ同士の活動をつなげる。	・地域全体に，活動の輪を拡げる。
4. 心地よさの演出	・リズムの変化に対してフォローする。	・新しいプログラムを定期的に入れる。	・プログラムの評価をし，新しいニーズに即したプログラムを取り入れる。
5. 柔軟な参加形態	・出入りが自由である。	・いつ来ても，快く迎え，活動の一端をお願いする。	・活動を継続できるよう支援する。
6. つねに発展に向かう	・常に，少し先を見通せるように伝える。	・常に先を見通し，それに応じた活動を，募集・提案する。	・地域に広報，発信する。
7. 評価の視点	・変化，出来たことを気づくように伝える。	・一緒に振り返り，気づきを共有する。	・共有したものを発信する。

事例12　できることから一歩ずつ：復興地支援

● エンパワメント支援設計図

④影響要因
- 仮設住宅から災害公営住宅へ転居した方も体操教室に継続的に参加できる。
- 高齢者の活動量が増えることにより、自立した生活が維持できる。
- 高齢者が自立した生活が維持できることにより、親世代に代わり若者の育成に携わることができる。
- 雇用の創出により、若者が住み続けられる地域になる。
- 若者が住み続けられることにより、活気ある地域となり、笑顔があふれる。
- 若者にきちんとした教育の機会を提供することにより、長期的な地域の復興を担える人材となる。
- 移動手段を整備することにより、一人ひとりの活動範囲が広がる。
- 人が人に関心を持ち、活動範囲が広がることにより、新たなネットワークが構築される。
- 自らの地域の復興に関心が高い人に対し、様々な知識や技術を供与することにより、地域の方々がエンパワーされる。

②現状
【課題】
- 高齢者に生活不活発病が見受けられる。
- 人々の移動が少なく、交流がない。
- 若者が職を求め、被災した地域を離れている。
- 家族の形態が変化し、それに伴い家庭の機能・役割が変わっている。
- 家屋の喪失に伴い転居を余儀なくされ、新しい人間関係の構築が必要となっている。

【強み】
- *地縁による人間関係が強固。
- *自らの地域の復興に関心が高い人が多い。
- *地域の将来を案じ、行動できる人がいる。

①目標
【大目標】
- 被災した地域の生活の再構築

【小目標】
- 笑顔と活力あふれる生活ができる

【達成時期】
平成30年3月31日

【達成時の評価法】
- プログラム参加者への聞き取り調査
- 奨学生への聞き取り調査

⑤支援方法
- 若者が学業に専念できるよう、奨学金を供与する。
- 元気高齢者による託児、放課後預かり施設を開設する。
- リハ専門職がオリジナル体操を持ち込み、高齢者対象の「体操教室」を小地域対象に開催する。
- 災害公営住宅に転居した方を対象に、体操教室を開催する。
- 皆が集う商業施設に出向き、体操教室、介護教室や栄養指導を行う。
- 仮設住宅や集会所等に、遊具や運動機器を設置し、様々な方が使用できる。
- 自家用車を有する就労していない人を雇用し、地域住民の移動手段とできるよう、交通会社を起業する。
- 若者を中心に、漁業を6次産業化した企業・法人を設立し、様々な性別、年代の人を雇用する。
- 総合大学とのコラボレーションで、教員、学生による様々な内容の市民講座を開催する。
- 市民講座の参加者同士が協同し、学習した内容を活かし様々なタイプのボランティア団体、NPO法人、会社を創設し、活動する。
- 仮設住宅を改装し公営住宅にし、幅広く県外からの移住者や外国人を受け入れ、インクルージョンする。

③背景
【地域要因】
- 冬は降雪があり、移動が困難。
- 震災により人間関係が変化。
- 企業が震災による打撃を受け、雇用できない。

【個人要因】
- *住民の中にキーパーソン的な人がいる。
- *復興への強い思いがあり笑顔や元気のある方が多い。

⑥根拠
- 「生活機能低下予防マニュアル
　～生活不活発病を防ごう～」
　国立長寿医療研究センター
　　　　　　　大川弥生先生

- 6次産業化推進支援事業
　　　　　　　（農林水産省）

*は強み

● エンパワメントの効果

効果	自分エンパワメント（個人）	仲間エンパワメント（相互）	組織エンパワメント（地域システム）
1. 共感性	・住民間での交流が活発になり、復興に向け共感し合える。	・同年代の住民が境遇を共感できる。	・住民の動きが活発になり、地域が活性化する。
2. 自己実現性	・住民が雇用されることにより、自己実現される。 ・元気高齢者が役割が持て、生活が活性化する。 ・若者が夢の実現に向けて歩み出せる。 ・地域の人が将来にわたり職を得られる。	・雇用される住民がそれぞれの部署で自分の適性を発揮しながら活躍できる。 ・自分の興味・関心を同じくする者同士が分野で力を発揮できる。	・学んだことを活かして市民が地域を盛り上げられる。 ・学びを得た若者が地域の将来を担うことができる。
3. 当事者性	・高齢者が自身の問題として生活不活発病予防に取り組むようになる。	・地域の若者世代の育ちや子育てを仲間のこととして考えることができる。	・地域の様々な場所に移動することにより、地域に関心が持てるようになる。
4. 参加性	・企業・法人の設立に参加することにより、自身の将来を考えることができる。 ・地域住民が役割を持て、生活が活性化する。	・元気高齢者が地域の子育て家庭のことを考えられるようになる。 ・仲間の将来を考えることができる。	・元気高齢者が地域の将来を考えられるようになる。 ・地域住民が地域の将来を考えることができる。
5. 平等性	・だれもが平等に教育の機会が得られる。	・自分の興味・関心に基づき、得意な分野で平等に力を発揮することができる。	・住居の種別を問わず、地域住民が平等に運動等ができる。
6. 戦略の多様性	・幅広い学びの機会が得られる。 ・様々な住民が自身の持つ力を発揮できる。	・様々な仲間の組み合わせができ、多様性を発揮した活動が地域で展開される。	・被災する前よりも多様な活動が地域で展開される。
7. 可塑性	・若者が学業に専念でき、地域の将来に柔軟に還元される。	・柔軟な発想で住民同士が支え合うことができる。	・地域の復興状況に応じ、柔軟に活動が展開される。
8. 発展性	・様々な地域の方々が将来にわたり職を得られる。	・仲間同士で学び合い、様々な形に発展させ地域で活動することができる。	・学んだことを活かして市民が様々な活動を地域で展開できる。 ・学びを得た若者が地域の将来を担うことができる。

● エンパワメントのコツ

コツ	自分エンパワメント（個人）	仲間エンパワメント（相互）	組織エンパワメント（地域システム）
1. 目的を明確に	・自分自身の生活が安定することが、仲間に力を与え、地域が復興することを説明する。	・仲間同士で力を合わせることにより、個人の生活が安定し、地域が復興することを説明する。	・地域が復興することが、個人の生活を安定させ、仲間に力を与えることを説明する。
2. 関係性を楽しむ	・起業等の過程に個人が主体的に関われるよう、支援する。	・起業等の過程で仲間同士が支えられるよう支援する。	・起業等の過程に地域の様々な組織が関われるよう、支援する。
3. 共感のネットワーク化	・他の住民とのつながりを通じ、近親感を感じられるよう支援する。	・仲間同士の行動が個人の生活再建に直結するという刺激感を与え続ける。	・地域の様々な組織の復興への関わりが個人の生活再建に直結するという刺激感を与え続ける。
4. 心地よさの演出	・生活再建に向け、様々な活動へ個人のペースで関われるよう支援する。	・活動グループを、様々なペースで関われるよう小集団化する。	・様々な活動の実施時期を、住民の反応を見ながら変化させる。
5. 柔軟な参加形態	・活動への参加のタイミングを見逃さないよう、支援する。	・グループメンバーが自分のペースで関われるよう、つねに門戸を開いておく。	・組織の中で参加の形態により、様々な役割を設定する。
6. つねに発展に向かう	・将来を見据えた教育の機会を提供する。	・世代間の支え合いを支援する。	・地域の将来を左右する若者世代への投資を支援する。
7. 評価の視点	・過去よりも現在の方が個人の生活の質が上がっていることを体現できるよう、支援する。	・定期的に立ち止まり、活動の成果を振り返る機会を提供する。	・地域の復興の様子を視覚化できるよう、支援する。

終　章
共生共感エンパワメントに向けて

　だれもが主人公となる「新しい共生のかたち」は，人びとがその重要性への強い信念を抱き，ともに困難な道のりを乗り越えるなど，体験を共有することではじめて実現できる。人びとや組織を動かす人は，いのちの輝きに寄り添う喜びを味わうことができる。エンパワメントに必要な希望，信頼，意味づけをもとに，自分を誇りに思いながら違いを楽しみ，集団を信じることのできるプロとして，当事者の価値観，ニーズ，できることを把握し参画を促すことが求められる。ともに輝きながら，経験を語るのではなく，ゴールやビジョンを語るのが本当のエンパワメントのプロである。

　エンパワメント科学は，だれもが主人公としてともに生きる社会を目指す。きわめて小さく生まれた赤ちゃん，重い障がいのある子ども，不治の病をわずらう人，寝たきりの人，元気を失った組織人のだれもが，主人公として輝くことをサポートする。

　エンパワメントのプロは，当事者の言葉だけではなく，その背後にある気持ちをも読み取る。当事者の願いや思いに気づき，何ができるかを判断し，ゴールを設定して取り組む。ゴールは目前の事柄への対処ではなく，当事者が自分でウェルビーイングを実現する力をつけることがエンパワメントである。

　一方，プロにはきびしさがともなう。相手にどう伝わっているかが評価される。努力の量ではなく，相手にどう伝わり，相手がどう変わるかがすべてである。オープンクエッションで相手のニーズをしっかり引き出す。

　「どうされましたか？」

　そして相手をよく見ながら，思いをくみ取る。

　たとえプロでも，一人でできることは限られている。プロ同士の仲間エンパワメント，組織エンパワメントを発揮できる環境をいかにつくることができるかが，仕事の

質を大きく左右する。仲間／組織エンパワメントは，メンバーが自然に笑顔になれる環境をつくること，と考えればよい。風通しをよくし，失敗など望ましくない内容でも報告がすぐに互いになされる環境がリスクを抑える。

　プロ仕事の根本は，なによりもまずは誠実に仕事に向き合うこと。まじめにやるとおもしろい。おもしろいと思うことができる能力を身につける。楽しめる。真剣にやる。人の話をよく聞く。返品のきかない仕事がプロの仕事である。プロとしての仕事が好きな人の集まりなら，組織はうまくいく。

　人間は，さまざまな人や組織の多様性（diversity）の中で，しなやかに自分と環境を変えていく可塑性（plasticity）をつむぎながら，生涯にわたり発達する。それを全体性（holistic）の視点で捉え，人間が生きる仕組み全体を生命体のように捉える基盤を，エンパワメント科学は提供する。

　葛藤は次の飛躍へのチャンスである。なぜなら同時に相反する2つのものが存在すると，その葛藤を解決するために「思い掛けないひらめき」が脳の中で生まれる可能性が高まるからである。葛藤状態では，可塑性（しなやかさ，変える力）を十分に発揮して解決したいという思いが増幅される。赤ちゃんは圧倒的な葛藤（混沌）の環境から，必要なものを紡いで脳を育てていく。その過程では，脳神経の一本一本を環境にもっとも適した形になるように取捨選択している。新たなものを生み出すためには，葛藤をあえて避けないことが有効である。

　世阿弥の言葉に「住するところなきを，まず花と知るべし」がある。停滞するところがないことこそが，美しい「花」を咲かせる第一条件であると心得ておかなければならない，という教えである。プロはつねに切磋琢磨し，より良いものを追及する努力を惜しまない。文化や歴史，伝統に基づくイノベーションこそが，輝きのエネルギーなのだ。

　人づくり，仲間づくり，組織づくり，社会づくり，システムづくりが社会の基本。それを支えるエンパワメント科学の今後さらなる活用を，大いに期待するものである。

引用・参考文献

Adams, R.　2008　*Social Work and Empowerment*. Palgrave Macmillan.
安梅勅江　2000　エイジングのケア科学―ケア実践に生かす社会関連性指標―　川島書店　pp.11-18.
安梅勅江　2004　エンパワメントのケア科学―当事者主体チームワーク・ケアの技法―　医歯薬出版
安梅勅江（編）　2005　コミュニティ・エンパワメントの技法―当事者主体の新しいシステムづくり―　医歯薬出版
安梅勅江　2007　保育パワーアップ講座　日本小児医事出版　pp.1-120.
安梅勅江（編）　2007　健康長寿エンパワメント―介護予防とヘルスプロモーション技法への活用―　医歯薬出版
安梅勅江（編）　2009　根拠に基づく子育て子育ちエンパワメント―子育ち環境評価と虐待予防―　日本小児医事出版
安梅勅江　2010　ヒューマンサービスにおけるグループインタビュー法Ⅲ　論文活用編　医歯薬出版
安梅勅江　2012　きずな育む力をつむぐ―エンパワメント科学のすすめ―　子ども研究　日本子ども学会
安梅勅江　2012　保健福祉学とエンパワメント科学―当事者主体の新しい学際研究の展開に向けて―　日本保健福祉学会誌
安梅勅江　2013　エンパワメント科学入門―人と社会を元気にする仕組みづくり―　筑波大学エンパワメント科学研究室
　　http://square.umin.ac.jp/anme/EmpowerScience.pdf（2014年9月10日閲覧）
Anme, T., & McCall, M.（Eds.）2008　*Culture, Care and Community Empowerment: International Applications of Theory and Methods*. Kawashima Press.
有岡 栞・安梅勅江 他　2015　障害者雇用推進に向けた支援の条件に関する研究―支援専門職のフォーカスグループインタビューを用いて―　厚生の指標4（掲載予定）
Bandura, A.　1977　Self-efficacy: Toward a unifying theory of behavioral change. *Psychological Review*, 84, 191-215.
地域包括ケア研究会　2011　地域包括ケア研究会報告書
地域包括ケア研究会　2011　地域包括ケア研究会最終報告書
Coleman, J. S.　1990　*Foundations of Social Theory*. Belknap Press of Harvard University Press.　久慈利武（監訳）2004　社会理論の基礎　上下巻　青木書店
Conger, J. A., & Kanungo, R. N.　1988　The empowerment process: Integrating theory and practice. *Academy of Management Review*, 13, 471-482.
Fetterman, D. F.　2005　*Empowerment Evaluation Principles in Practice*. Guilford Press.
浜井浩一　2009　犯罪の実態を正しく知り，再犯防止のための議論を　（財）大阪府人権協会ホームページ　リレーエッセイ第60回
　　http://www.jinken-osaka.jp/2009/06/60.html（2014年9月30日閲覧）
広瀬幸泰　1996　プロセス変革志向のエンパワーメント　ダイヤモンド社
星 旦二・桜井尚子　2012　社会的サポート・ネットワークと健康　季刊社会保障研究, 48(3), 304-318.
岩間伸之・原田正樹　2010　地域福祉援助をつかむ　有斐閣
小泉英明　2005　脳は出会いで育つ　青灯社　pp.1-268.
厚生労働省　2008　これからの地域福祉のあり方に関する研究報告書
厚生労働省　2013　平成25年障害者雇用状況の集計結果
久木田 純　1998　エンパワーメントとは何か，エンパワーメント―人間尊重社会の新しいパラダイム―　現代のエスプリ　至文堂
McClelland, D. C.　1988　*Human Motivation*. Cambridge University Press.
滝沢武久　1998　教育と内発的動機づけ，エンパワーメント―人間尊重社会の新しいパラダイム―　現代の

　　　　エスプリ　至文堂
常盤文克　2014　人が育つ仕組みをつくれ！　東洋経済新報社
友田明美　2011　いやされない傷─児童虐待と傷ついていく脳─　診断と治療社
ヴィクトール・E・フランクル　2002　夜と霧　みすず書房
World Health Organization（WHO）2008　Socail Exclusion: Meaning, measurement and experience and links to health inequalities A review of literature. WHO Social Exclusion Knowledge Network Background Paper.
全国コミュニティライフサポートセンター　2013　地域共同ケアのすすめ─多様な主体による協働・連携のヒント─

参考 **芳香会のあゆみ**

社会福祉法人芳香会理事長
宇留野光子
社会福祉法人芳香会研究所長
宇留野功一

❶ 芳香会のこと

　芳香会は1970（昭和45）年12月社会福祉法人（以下「社福」）として認可され，翌年4月茨城県結城市に養護老人ホームを開設，以後時代と地域の要請により高齢者施設，障がい児・者施設，保育所等を開設し，古河市，結城市を拠点にして経営と運営を行ってきました。その歴史は44年を刻み，社福の「老舗」の仲間入りをさせていただいていると自負しています。

　2014（平成26）年4月現在で，入所型7施設（高齢3か所，障害児者4か所）保育所2か所を中核とし，在宅事業13事業，公益事業2事業を展開しています。

　この多くの事業を支えてくれるのは，500人を超える職員たちです。男女比は35：65で最近では男性の比率が高まってきました。

　40年を超える歴史のなかでは，二代目理事長の早逝や大きな制度改革などにより，困難にも遭遇しましたが，多くの職員のがんばりと地域の皆様のご支援とによって乗り越えてきた，幸せな社福だと感謝しています。

❷ 3人の理事長のこと

　初代理事長赤羽輝義（在任期間：1970（昭和45）年12月〜1995（平成7）年3月）は私の父。芳香会の創設者であり，地域医でありました。当時無医村同然だった猿島郡岡郷村上大野（現古河市上大野）に診療所を開設。昼夜なく「陸王」というオートバイに往診鞄を載せ，奔走していたと当時を知る方からお聞きしたことがあります。このような医師としての仕事から「福祉」の大切さに気づき，福祉施設建設を思い立ったようです。

そのエネルギーは理事長であった23年間，次々と新たな施設を建設することに注がれ，現在の芳香会の礎を築き，多くの苦労はあったものの，結果としてその後の地域社会の福祉力向上に多大な貢献をしました。

　この大きなエネルギーはもしかすると，陸軍将校として戦況厳しい南方での戦友・部下達と生死の境を彷徨った経験や多くの犠牲を出したことと関係しているのかもしれません。

　二代目理事長赤羽伸夫は私の兄（在任期間：1995（平成7）年4月〜2008（平成20）年3月）。父と同じ医師の道を歩いていました。本当は地域医ではない道を選択したかったのかもしれませんが，診療所を継ぎ，そして二代目の理事長に就任しました。

　就任後は，理事長としての仕事はもちろん，芳香会の医師として，地域医として激務をこなしていました。

　芳香会40数年の歴史の約4分の3は施設をつくり新規事業を起こすという拡大路線をとったと言ってもよいでしょう。ただ，そのなかでひずみも顕在化しつつあり，それを危惧しその修正に力を注いだのが，二代目理事長の仕事だと感じています。その背景には社会保障制度の改革，特に社会福祉基礎構造改革の議論が本格化した時期であり，その後の介護保険法，社会福祉法の施行へと続く変革の時期に遭遇したことがあったのでしょう。

　具体的な仕事の一つ目は，初代のつくった施設群（特に入所型施設）の医療体制の再構築に力を注ぎました。

　二つ目は，認知症高齢者対象のグループホームと知的障がい者，身体障がい者の民家改築型グループホーム等の開設に力を注いだことです。特に身体障がい者と知的障がい者が同一の建物で暮らすケアホームは，全国的にも珍しい取り組みでした。

　理事長在任中の13年間において，現在本部を置いている「地域福祉活動センター」（古河市上大野）の建設と老朽化した特養の建替え（全面改築）を行っただけです。それよりも高齢者や障がい者が安心して「地域で暮らす」ことを念頭に，グループホーム等を地域に溶け込むようにつくることを考えていたようです。そこには大型施設を建設し，囲い込んだ中でのサービスの提供に疑問，限界を感じていたのだと思います。

　しかし，病を得て50代半ばで残念ながら早逝しました。やりかけの仕事に心を残したかもしれません。

　そして三代目は私が選ばれました。

❸ 三代目理事長としての船出

　就任したのは2008（平成20）年4月、55歳でした。特段の資格も持たず、大学で「社会福祉」を学び、20代中頃に養護老人ホーム施設長に抜擢されました。その後身体障がい者施設の施設長、本部事務局長と30年に渡るキャリアを積んではきましたが、正直に言えば、大きな不安を抱いていました。

　芳香会の4分の3の歴史は施設の拡大と維持に費やされたと前述しました。その時代はいわゆる「措置時代」と言い換えることもでき、福祉事業には多くの「措置費」や「補助金」という公費が注ぎ込まれ、その力で多くの社福は施設をつくり、かつ安定した運営ができた時代でもありました。芳香会も例外ではありませんでした。

　しかし、そのような「福祉」のあり方は結果として行政主導となり、社福が本来持っていたはずの先駆性や創造性が削がれることになりました。さらにごく一部の社福とはいえ不正を行い、社会の批判を浴びるという事態も起こりました。

　まさに行政がお金を握り、施設建設からサービス提供の決定権まで持つという「措置」を軸にした「福祉制度」の矛盾が蓄積し、顕在化しつつあったのだと思います。

　それに呼応するかのように、社会保障制度の根本見直し、とりわけ社会福祉基礎構造改革の必要性が説かれるようになりました。

　さまざまな議論の末、紆余曲折はあったものの2000（平成12）年4月には「措置から契約へ」「利用者自身の自己決定の尊重」など、新しい考え方に基づく「介護保険法」が施行されました。さらに若干遅れましたが、社会福祉事業法が改正され「社会福祉法」として施行されました。まさに「福祉制度」のパラダイムの変換といってよい出来事でした。

　その変化は社福の経営にも影響し、社福や関係団体の働きかけもあって、厳しい制約があった社福のお金の使い方などの弾力化（緩和）が行われました。反面行政の影響力が薄くなった分、自らの力で経営努力せよと強く背中を押されました。このことは社会福祉法第24条によく表れています。

　介護保険法施行後、社福のみならず株式会社、NPOなど、さまざまな経営主体が参入し、「社会福祉事業＝社福」という図式は崩れました。

　その結果、原則非課税など優遇を受けている社福が本当に社会の役に立っているのかという批判が行われるようになりました。特に近年は社福の「剰余金」をめぐって

の批判も繰り返されるようになり,「社福の存在意義は有るのか」といった厳しい議論までされるようになりました。

一方で,「社福はもともと社会福祉事業を行う法人であり公器としての役割を果たしている。また社福はその設立時には役員となるものが土地建物などに多額の寄付をし,設立後はその財産は最終的に国庫に帰属する。したがって社福設立自体が国に多額の寄付をしているのと同じであり,その運営に優遇措置があって当然である」との社福経営者の従来からの主張も根強く残っていました。

私はこのようないわば大きな変革の嵐の中で,芳香会の舵取りを任されました。いろいろな議論はあるけれど,とにかく社福は変わらなければならない,そのことは深く自覚してはいました。

理事長の私の目からすれば,混沌としていて何から手をつけてよいのか,考え込んでしまうこともたびたびでしたが,とにかく目標を定めることにしました。

一つは44年の芳香会の歴史を振り返り,できれば総括すること。二つ目はその歴史を踏まえ,新しい時代に必要とされる芳香会をつくること。そしてこの目標を達成するためには芳香会のリーダーである私が変わり,そして芳香会も変わらなければならないのだと決意しました。

しかしお恥ずかしい限りですが,決意はしたものの,どう変わったらよいのかがわかりませんでした。高名な方々の講演や経営コンサルタントの講習会,さらには社福関係団体の勉強会に参加し,沢山のご教示をいただきました。それは「なるほど」とうなずくことばかりなのですが,「では芳香会はどうすればいいのか」という段になると,具体的な案も浮かばず,よって行動にも移せませんでした。

これこそ長年にわたり「自ら考え,行動する」というごく当たり前のことから遠ざかっていたことの証左となりました。

❹ 多くの方々との出会い

私は30年間芳香会で育ててもらいました。多くの人たちと出会い,学ばせていただきました。それは学生時代の恩師,先輩・友人,地域の皆さんと施設のご利用者とそのご家族,芳香会の役員の皆さんと職員たちです。

その中で理事長である私に,そして現在の芳香会に大きな影響と行動することの意義を教えて下さった方との出会いが三つありました。

一つ目は，これからの芳香会経営・運営の羅針盤がほしいとの私の思いを「研究所の設立」という具体的な形に導いていただいた，高山忠雄先生（鹿児島国際大学大学院教授）と安梅勅江先生（筑波大学大学院教授）お二人との出会いです。

　お二人とはすでに30年以上のお付き合いがあり，芳香会の管理者研修や職員研修の講師をお願いしております。なかでも近年は職員の「実務研究発表会」の審査委員をお勤めいただき，常に「現場で働く職員が科学的視点，研究的視点を持つことの重要性」を説かれ，「芳香会社会福祉研究所」（2011年）の設立にご尽力をいただくと共に，現在は研究部長としてご指導をいただいております。

　二つ目の出会いは，札幌で社会福祉法人，NPO法人，株式会社と三つの組織の代表として，障がい者福祉を中心に実践されている（社福）HOP理事長です。この出会いは「研究所設立」の過程で高山先生から研究会にお誘いを受け，そこで初めてお目にかかりました。

　HOP理事長の実践の基本は「利他」でした。また理事長ご本人が重度の障がいを得ておられますが，広くさまざまな社会貢献事業を実践しておられることには目を見張ります。

　さらには東日本大震災後の被災地支援の移送サービスの立ち上げと開始の速さ，現地調査と関係づくりの深さには感銘いたしました。

　三つ目は社会福祉法人経営者会会長との出会い。出会いといっても全国大会（確か2007（平成19）年度）での基調講演が心に響いたのです。その問いかけは平易で，「皆さんの法人は社会貢献活動を行っていますか。自己の福祉事業だけをやっていてはダメですよ。地域社会に役立つことを実践してください。企業は当然のように長期にわたり，実践していますよ。これからの社福は社会貢献事業を行うことは当たり前です。社福は地域から信頼されることが必要な時が来ています」というものでした。

　何もできていない，していないことに私自身と芳香会の未熟さを痛感しました。当時は法人本部事務局長として本部の体制を再構築して2年目でした。会長の言葉が私の脳裏に焼き付き，社会貢献について真剣に考えるようになりました。その後いろいろな機会にお目にかかるようになり，個人的な面識もでき，その言動に薫陶を受けています。

⑤ 私の仕事

　理事長となり，未熟ながらも過去を振り返り，現在を見つめ，将来を展望することを行ってきました。過去については「総括」は未だできていませんが，44年蓄積したものはプラスの財産として存在していることを明確に認識しました。現在においては本業の社会福祉事業に関しては厳しい面もありますが，何とか運営できている。しかし足りない面があり，それを補完しなければならない。未来への展望については変化が激しく具体的には見えないのですが，どのような状況になろうとも対応できるような「人づくり」が重要であると考えるようになりました。

　そこで私の仕事です。いろいろ悩みながら，また教えを請いながらやっていることです。

(1) 社会貢献活動について

　実際に考え始めてみると，簡単なようで非常に難しい活動であることがわかりました。それは「地域を知る」ことから始めなくてはならなかったからです。当然ですが活動の舞台は地域社会ですから，自分たちが外に出て，今までとは違った視点で，折に触れまた機会をつくって見聞きし知ることから始めました。その役割を担ってくれたのは，施設の相談員たちでした。話を聞くことや人との関係づくりが得意な専門職です。彼らの力でスタートすることができました。

　これによって本業の施設や在宅事業に関係することは知っている。しかしその他のことは知らないに等しいことを改めて思い知らされたのです。たとえば地域の老人クラブが「高齢化」してしまい，クラブが機能せず，クラブが担っていた活動ができなくなっている。かつて自治会があった地域に住民が居なくなり自治会自体が消滅しているなど，地域の変化を明確に意識しました。

　さらに社会貢献は，利用者主体，地域住民主体が重要であり，芳香会はそれを支援することを基本として行うことを徹底することにしました。現在芳香会が行っているすべての社会貢献活動はこの考えに基づき行われています。そして本務も忙しい中，社会貢献活動に協力奔走している職員の姿を見ると，44年間の間に培われてきた芳香会のマインドが確かにそこにあると確信します。

　以下に現在芳香会で行っている主な社会貢献活動を列挙してみます。

1) ペットボトルキャップ，ペットボトル本体，空き缶，鉄くずの収集

　これは施設利用者とご家族，職員，地域の事業所，地域の皆様にお願いし施設に集積します。それを利用者が中心となり，洗浄・分別・梱包・出荷までの作業を行います。この中で現金に換えられるものは換金し，その一部は利用者へ還元し，一部は「ありがとうフラワー」と名づけ，ご協力いただいた事業所等へ鉢植えの花を贈るという活動によってさらなる協力者を増やし，善意の循環を促す仕組みをつくりました。

　ちなみにペットボトルキャップは活動が始まった2010年から5年間で約250万個を集め，ワクチン3,000人分という成果が上がっています。

　利用者への還元は微々たるものですが，自分たちで「働いた」お金でユニフォームを作ったりすることは，活動の参加への充実感へ繋がっています。さらにはこの活動を通じて保護の対象としての施設利用者から，立派に社会に貢献できる存在へ変わったということが私の自慢でもあり，誇りでもあります。

2) 地域の道路の清掃活動と道路わきの花壇への植栽活動

　この活動はもともと施設周辺の道路の清掃活動でした。もちろん職員のみで「自宅」の草むしり感覚でした。ところが，地域住民の高齢化や家族構成の変化などで，従来自治会や老人会が行っていた環境美化活動ができなくなり，結果として住民が利用する道路や道路わきの花壇などが管理できなくなっていました。そこで，自治会，行政などと調整を行ないながら，道路美化活動の範囲を拡大すると共に，花壇の植栽，散水などの管理を行うようになりました。この活動も地元自治会，老人会，小・中・高等学校の生徒，ボランティア，行政を巻き込んでの活動となりました。

　この活動は芳香会が入所型施設を置く古河市上大野および尾崎，結城市七五三場の3か所で年2回活動します。さらに実施してわかったことは，特に夏季の花壇の散水が非常に手間がかかるということでした。

　それは花壇が給水設備のないところに設置されているので当然なのですが，これを職員が工夫をし，交代で管理をしてくれています。

3) 里山づくり

　芳香会本部の道路を挟んで3,000坪ほどの雑木林（この地方では「山」と呼びます）が，手入れをされていない状態でした。この地域でもこのような「山」は数多く存在します。

　景観もよくありませんが，安全上の問題も懸念されたため，芳香会で管理をさせてもらえないか地主さんと交渉し，了解が得られたために管理を始めました。雑草を刈

り，不必要な木を伐採しました。景観も清清しい林の状態になり，風や陽光も通るようになりました。

　里山の管理は想像していたよりも大変ですが，これも各施設職員が手分けをし，交代で行ってくれています。

　この里山づくりにも助言をいただいた方がいます。一つの新しいことを始めると同じ志を持つ方々との繋がりが生まれます。その繋がりが新しいアイディアを生み出す力となります。この里山をどのように有効活用をしていくのか。職員はもちろんですが，地主さんや地域の方々と相談していければいいなと考えています。

4）東日本大震災への支援活動

　2011年3月11日の東日本大震災は芳香会にとっても忘れることはできません。結城市七五三場と古河市尾崎の高齢者施設，障がい者施設が被害を受けました。停電・断水により3日間の不自由な生活を強いられましたが，利用者，職員への人的被害はなく幸運だったと思います。幸い本部のある古河市上大野は停電もなく，ガソリンなど燃料不足を除いては概ね平常の運営ができており被害を受けた内部施設への支援を行いました。

　芳香会は内部施設の状況が落ち着いたところで，私を本部長として「東日本大震災対策本部」を立ち上げ，物資支援部，専門職派遣部，後方支援部の3部による被災地支援を3月下旬から開始しました。物資支援部は当初被災施設からの要望により必要物資を調達し直接届けました。それは茨城県内の施設から岩手県の施設にまで及び地震で寸断された道路を迂回しながら往復1,000キロ以上を走破する支援となりました。施設の支援が一段落した後は，避難所への食糧支援が中心となりましたが，延べ数千食の支援となりました。

　物資支援部は被災地の状況が落ち着き，物的な支援は必要がなくなったため，25年度末で終了しました。

　専門職派遣部は，当初は日本社会福祉士会の支援プログラムへの協力を行い，社会福祉士資格を持つ相談員を岩手県大槌町，山田町へ派遣しました。社会福祉士会の支援が終了した後は，芳香会独自の支援として，理学療法士，作業療法士，社会福祉士，管理栄養士，介護福祉士などの専門職を5人程度のチームにし，大槌町包括支援センターと協力をしながら，仮設住宅等へ派遣し，閉じこもりの防止やリハビリ活動の側面的支援を行っています。2013（平成25）年度の派遣からは茨城県立医療大学の学生

にも派遣チームに加わってもらいました。26年度はさらに県内の障がい者施設の職員を加えての派遣が実現できることになりました。

　もう一つ付け加えれば、この派遣の資金の大半を芳香会職員の多くが寄付をしてくれていることです。それも1か月100円から500円まで任意の寄付。しかも給料からの天引きです。パート職員やEPA介護福祉士候補生含め、多くの職員が被災地支援のために協力をしてくれています。これによって継続的な派遣が可能になっています。

　後方支援部は、地震の影響で販売先を失った授産施設等から製品を買い取り、販売します。法人内のイベント開催時はもちろんのこと、地域のお祭や近隣企業のイベントなどに参加させていただき、私が先頭に立ち売り子になりました。この買い取りと販売も被災地の状況の変化により縮小しつつも、今年度も支援を続けています。

　そして現在の後方支援部の仕事は被災学生に対する「奨学金の給付」です。これは東洋大学森田明美教授から「被災学生で地震の被害のために学費が払えずに退学せざるを得ない看護学生がいる。成績も優秀でこのまま退学させるには忍びない。芳香会の奨学金制度で何とかならないか。卒業後は地元に戻って復興のために役に立ちたいと言っているのだが」とのご相談がありました。芳香会には職員のための奨学金制度があり、資格取得や大学院進学のために貸与しています。しかし芳香会と全く関係ない学生に奨学金を貸与するなど考えもしませんでしたし、ましてや返還も難しいような、厳しい状況に置かれているようでした。そこでいくつかの条件を設定し、その条件に合えば貸与ではなく給付しようと考えました。社福は寄付行為は認められていませんが、大震災の特例が設けられていたこともあり、給付に前向きに取り組み、要綱をつくり、役員会での承認も得て給付を実行いたしました。一人当たり100万円。社福にとっては大きな金額です。この奨学金を現在までに3人に給付しました。皆看護学生で将来は地元のために働きたいという希望を述べていました。彼らが無事に学業を修め、資格を取得しそれぞれの地元の復興に貢献してほしいと願っています。

5）南相馬ファクトリー（つながり∞ふくしま）の活動への協力

　南相馬ファクトリーは南相馬市の7つの作業所と楢葉町の1か所の作業所で缶バッジを作成し、その販売によって震災被害と原発事故の影響を受けた作業所を立て直し、さらに缶バッジに添えられたひまわりの種を育て、育てたひまわりから種を採取し福島に送り返す。その種を利用して精油をつくり製品にする。という循環によって福島の作業所の復興を目指すプロジェクトです。

これに芳香会も協力し，缶バッジの購入を行い，ひまわりを育てるようになりました。この活動の支援は芳香会の養護老人ホーム職員が中心となって進めていたため，県内の養護老人ホームに呼びかけたところ，県内数か所がひまわりを育て，種を収穫するまでを協力してもらえることになりました。また芳香会近隣の中学校・高等学校も協力していただくようになり，この活動は大きな広がりを見せています。複数の養護老人ホームが被災地支援を協働して実施することなどが注目され，高齢者関係団体での発表の機会も得ています。

福島の状況も変化してきてはいますが，この支援は継続していかねばならないと考えています。

(2) (社福) 芳香会社会福祉研究所 (以下「芳香会研究所」) の設立

前述したように，社会福祉のパラダイムが大きく変化し，当然社福も変化しなければならなかったのですが，その変わり方がわかりませんでした。思い悩んだ末に，内部・外部の力でその方向性を見いだせないかと考えました。その具体的な形を研究所（当初の考えでは「研究室」）にしたらどうかと考えました。

最初は芳香会の奨学金を利用して修士号を取得した職員が数名いましたので，その職員たちに考えてもらえばよいと安易に考えていました。しかし高山先生のご助言により研究所の設置に傾き，2009（平成21）年7月には研究所設置の素案を作成しましたが，研究目的は法人内部の課題が中心となっていました。さらに自らも研究所設置を考えていた（社福）HOPの研究会「第1回大規模法人付属研究機関在り方研究会議」（2010年6月，札幌開催）に参加をし，「芳香会付属研究所の果たす役割と意義」という発表を行いました。続いて2回目となる研究会議を芳香会主催で開催（2010年10月，東京開催），「芳香会研究所の意義と役割」をテーマに講話を行いました。この時点で研究所設置については意義，目標を含めかなり明確になりました。安梅先生からは職員・芳香会・地域，三者の潜在力を引き出せる研究所を目指しましょうとの助言も頂きました。高山先生に顧問と研究部長を，安梅先生にも研究部長への就任をお願いし，常務理事を研究所長，職員1人を研究主幹とし，筑波大学大学院博士後期課程の院生を主任研究員として研究所の形を整え，役員会を経て2011（平成23）年4月，正式に「芳香会研究所」を公益事業として設立しました。現在は芳香会研究所の設立意義を次のように考えています。

①芳香会が現在行っているさまざまな事業の整理と意味づけ
②社福の大きな役割となる社会貢献事業についてのニーズの把握とサービスの構築
③事業実施を担う職員の動機づけと活性化

　これらを念頭に，ややもすると感覚的，恣意的に行われがちな社福の活動を，科学的根拠に基づく活動へ転換していくことです。
　それによって職員一人ひとりが自らの役割を見いだし，生き生きとして働き，その職員が地域に出て仲間をつくり，さまざまな活動を行っていく。結果として地域の福祉力が向上し芳香会も活性化する。このような連鎖を期待しています。
　研究所の事業は助成団体からの研究費を頂いての論文執筆や学会発表，職員の研修会の支援を行っています。
　特に安梅先生にはエンパワメント理論に基づく研修会をご指導頂き，参加した職員たちからは多くの力を頂いた感謝の言葉が聞こえています。
　私は研究所の活動から，理論的にまとめ，評価を数値化することの重要性を改めて認識しました。そして行動ありきからスタートしていた事業展開を，基本的な構想をきちんと組み立ててから実践に繋げることを常に意識していきたいと考えています。
　芳香会研究所の設立は，今までと違う視点を与えてくれ，かつ常に論理性，科学性を実践の中に意識するきっかけとなりました。「芳香会研究所」はこれからの芳香会にとって重要な位置を占めるようになると考えています。

❻ まとめにかえて

　最後に「地域生活定着支援センター」（以下「センター」）事業に触れたいと思います。
　センターは，矯正施設退所後に，適切な福祉的支援が受けられないために再犯を犯すことを防ぐために，司法と福祉の懸け橋となり，必要な福祉的支援を行うことにより再犯を防ぎ，地域での自立した生活を送ってもらうことを目的に制度化され，各県に原則1か所ずつ設置されています。
　茨城県では2010（平成22）年度に設置予定となっていたため前年から，先行センターの見学，研修会への参加を行っていました。
　準備段階では，やはり司法と福祉の連携や何よりも矯正施設出所者の支援ということに幾ばくかの逡巡はありましたが，困難があるからこそ社福の仕事であると結論づ

け，理事会の承認を得て，県からの受託のための準備をし，プレゼンテーションに臨みました。結果は受託でき，公益事業として2010年11月から活動を始めました。職員体制は私がセンター長に，ソーシャルワーカー3名の4人体制で取り組みました。この活動を始めてみて改めて大変に困難な事業であることを痛感しました。

今までに使ったことのない司法用語が頻繁に出てきます。また情報の扱いなど福祉と微妙に違い，矯正施設等とは明らかに支援の風土が違うことを思い知らされました。これはお互い様なのでしょうが，カルチャーショックと言うべきものでした。さらには想定していたことですが，当初は福祉施設や地域の理解と協力がなかなか得られず，無力感も味わいました。それぞれにキャリアのあるワーカーも同じように感じていたと思います。

私は，私と彼らの置かれている状況や活動は，まさにエンパワメント理論に基づくものであると感じました。

羅針盤のない航海のように思えても，自分エンパワメント，仲間エンパワメント，組織エンパワメントとその相乗モデルによってより効率のよい，力強い活動ができるのではないかと考えました。

この事業を始めてから，更生保護女性会など今まで全くお付き合いのなかった団体とも交流が始まり，それが芳香会研究所の新たな研究テーマに繋がるなどの「相乗効果」が現れています。

ここまで芳香会について思いつくままに書き綴ってきました。書きながら感じていることは，まず事業ありきで始めた事業や活動に，結果としてエンパワメント理論がちりばめられているということです。これは折に触れた高山先生，安梅先生のご指導の賜物です。

ただし，理論を実践の場で，意図的に活用しているわけではないことは残念でもあるし，今後の課題ともなるでしょう。

そして福祉分野で働く職員は，特に対人援助を行う職員は，精神的にも肉体的にも厳しい状況に置かれることが多々あります。エンパワメント理論は支援者の強さを引き出すことにも役に立つと感じます。支援する者が自分自身の良いところに気づき，生き生きと暮らすことによって，それが支援を必要とする方々にも良い影響を与えます。

芳香会の未来を担う職員一人ひとりが生き生きと暮らし，その力をもってその地域

に暮らすすべての人が，生き生きと暮らしていける支援をする。
　それを成し遂げることが理事長として福祉事業家としての私の仕事……。

■ 執筆者一覧（執筆順）

安梅勅江	（筑波大学医学医療系）	まえがき，第1～4章，終章
酒寄　学	（芳香会社会福祉研究所）	第5章1～3節，第7章3節
内藤順子	（青嵐荘特別養護老人ホーム）	第5章2節
新関　翼	（芳香会病院青嵐荘療育園）	第5章2節
高村裕美	（障害者支援施設青嵐荘つくし園）	第5章2節
石田博紀	（障害者支援施設青嵐荘蕗のとう舎）	第5章2節，第7章1節
兼松光雄	（障害者支援施設青嵐荘蕗のとう舎）	第5章2節
岡野嘉一	（茨城県地域生活定着支援センター）	第5章2節，第6章4節
富張浩俊	（青嵐荘特別養護老人ホーム）	第5章2節
髙橋賢太	（障害者支援施設青嵐荘療護園）	第5章2節，第7章1節
竹内正美	（芳香会病院青嵐荘療育園）	第5章2節
堤　亨	（青嵐荘養護老人ホーム）	第5章2節
齊藤文香	（障害者支援施設青嵐荘蕗のとう舎）	第5章2節
新田美奈	（牛ヶ谷保育園）	第5章2節
生沼正信	（介護老人保健施設青嵐荘ケア・アシスタンス）	第5章2節，第6章2節
西村尚哉	（認知症対応型共同生活介護グループホーム穂の香）	第5章2節
石川哲宏	（青嵐荘特別養護老人ホーム）	第5章2節
加藤美代子	（障害者支援施設青嵐荘つくし園）	第5章2節
一谷郁美	（芳香会病院青嵐荘療育園）	第5章2節
長谷川大史	（障害者支援施設青嵐荘つくし園）	第5章2節
宇留野　礼	（たま保育園）	第5章2節，第6章1節
德竹健太郎	（芳香会社会福祉研究所）	第5章2節，第7章4節
土堂哲弘	（障害者支援施設青嵐荘療護園）	第5章2節，第7章1節
中島尚哉	（芳香会病院青嵐荘療育園）	第5章2節
殿塚千春	（介護老人保健施設青嵐荘ケア・アシスタンス）	第5章2節
坂本健太郎	（青嵐荘養護老人ホーム）	第5章2節
瀧澤　孝	（介護老人保健施設青嵐荘ケア・アシスタンス）	第5章2節
山本美也子	（障害者支援施設青嵐荘療護園）	第5章2節
池田雅之	（障害者支援施設青嵐荘蕗のとう舎）	第5章2節
杉野隆亮	（障害者支援施設青嵐荘つくし園）	第5章2節，第6章3節

齋藤修治	（芳香会病院青嵐荘療育園）	第5章2節
吉田祐子	（牛ヶ谷保育園）	第5章2節
有岡　栞	（学校法人希望学園　札幌第一高等学校）	第5章2節，第6章5節
菅　聖子	（牛ヶ谷保育園）	第6章1節
神田亜友	（介護老人保健施設青嵐荘ケア・アシスタンス）	第6章2節
寺門美弥	（青嵐荘特別養護老人ホーム）	第6章3節
加藤めぐみ	（茨城県地域生活定着支援センター）	第6章4節
落合幹彦	（障害者支援施設青嵐荘療護園）	第7章1節
野村幸代	（介護保険支援センター青嵐荘　結城）	第7章2節
永滝健一	（介護保険支援センター青嵐荘　総和）	第7章2節
吉田真純	（障害者支援施設青嵐荘つくし園）	第7章3節
宇留野光子	（社会福祉法人芳香会）	参考　芳香会のあゆみ
宇留野功一	（社会福祉法人芳香会）	参考　芳香会のあゆみ

● 監修者紹介

高山忠雄（たかやま・ただお）
　東北大学大学院教育学研究科博士課程修了　教育学博士
　現在，鹿児島国際大学大学院福祉社会学研究科名誉教授
　〈主著〉
　『お年寄りの在宅介護がわかる本』　法研　1992年
　『保健福祉におけるトップマネジメント』　中央法規出版　1998年
　『保健福祉学』（編著）　川島書店　1998年
　『グループインタビュー法の理論と実際』（編著）　川島書店　1998年
　　　　　　　　　　　　　　　　　　　　　　　　　　　　等多数

● 編者紹介

安梅勅江（あんめ・ときえ）
　東京大学医学系研究科大学院博士課程修了　保健学博士
　現在，筑波大学医学医療系教授
　　　　国際保健福祉学会会長，日本保健福祉学会会長
　〈主著〉
　『エンパワメントのケア科学』　医歯薬出版　2004年
　『コミュニティ・エンパワメントの技法』（編著）　医歯薬出版　2005年
　『子育ち環境と子育て支援』　勁草書房　2004年
　『根拠に基づく子育ち・子育てエンパワメント』（編集）　日本小児医事出版　2009年
　　　　　　　　　　　　　　　　　　　　　　　　　　　　等多数

いのちの輝きに寄り添うエンパワメント科学
―だれもが主人公　新しい共生のかたち―

2014年11月10日　初版第1刷印刷	定価はカバーに表示
2014年11月20日　初版第1刷発行	してあります。

監修者　高　山　忠　雄
編　者　安　梅　勅　江
　　　　芳香会社会福祉研究所
発行所　㈱北　大　路　書　房

〒603-8303　京都市北区紫野十二坊町12-8
電　話　(075) 431-0361(代)
FAX　(075) 431-9393
振　替　01050-4-2083

©2014　製作／ラインアート日向・華洲屋　印刷・製本／亜細亜印刷㈱
検印省略　落丁・乱丁本はお取り替えいたします。
ISBN978-4-7628-2880-5　　　　　　　　　Printed in Japan

・ JCOPY 〈㈳出版者著作権管理機構 委託出版物〉
本書の無断複写は著作権法上での例外を除き禁じられています。
複写される場合は，そのつど事前に，㈳出版者著作権管理機構
（電話 03-3513-6969,FAX 03-3513-6979,e-mail: info@jcopy.or.jp)
の許諾を得てください。